Mary Shelley

Frankenstein ou le Prométhée moderne

Classiques & Patrimoine

Traduction de

Jules Saladin

Appareil pédagogique par

Philippe Tomblaine

professeur documentaliste

Lexique établi par

Michèle Sendre-Haïdar

professeure de Lettres

MAGNARD

Présentation : l'auteur, l'œuvre et son contexte

Frankenstein
ou le Prométhée moderne
de Mary Shelley

Étude de l'œuvre : séances

Sommaire

Présentation : l'auteur, l'œuvre et son contexte

Mary Shelley
(1797-1851)

Portrait de Mary Shelley réalisé par Reginald Easton (1807-1893) en 1856.

Née le 30 août 1797 dans un petit faubourg londonien, Mary Wollstonecraft Godwin évolue dans un milieu bourgeois et cultivé qui l'entraîne à adopter ses théories politiques libérales. Dès son adolescence, la jeune fille va bénéficier d'une solide instruction : fréquentant les bibliothèques, elle recevra une éducation poussée, encore rare pour une jeune femme de son époque. À partir de 1814, elle fait la connaissance du poète et philosophe Percy Shelley, qui l'entraîne bientôt dans un long périple romantique à travers l'Europe. En 1816, au cours d'un séjour près de Genève, inspirée par la lecture d'histoires fantastiques et par les paysages alpins environnants, la jeune femme imagine la trame de son premier roman : ce sera *Frankenstein*, ouvrage finalement publié en 1818.

Cruellement et successivement frappée par le décès de sa première fille (1815), de deux de ses fils (1818 et 1819), puis par la noyade de son mari en Italie (1822), Mary va se consacrer pleinement à sa carrière d'écrivaine : elle apprend plusieurs langues (grec, latin, français, italien), transcrit les poèmes de son ami lord Byron, rencontre Mérimée. Alors que Byron part défendre, en 1823, les partisans grecs contre l'occupant turc (il sera tué en 1824 à Missolonghi), Mary rentre à Londres et commence à travailler sur d'autres récits : elle écrit ainsi *Valperga* (1823), un roman historique situé au XVe siècle et narrant les aventures du despote Castracani, personnage ayant réellement existé et connu pour avoir conquis les villes de Lucques et Florence. En 1826, avec *Le Dernier Homme*, elle retourne à l'anticipation sur le mode du conte philosophique : cette vision du XXIe siècle, racontant à la première personne les derniers moments d'un monde décimé par la peste, recevra un bel accueil public et critique. Elle rendra en parallèle hommage à son mari disparu en faisant publier ses *Œuvres poétiques* en 1839.

De 1824 à 1839, Mary Shelley rédige également de nombreux articles scientifiques (ils paraissent dans des revues et magazines comme le *London Magazine*, le *Westminster Review* ou *The Keepsake*), des histoires pour enfants ou des récits de ses voyages (*Excursions en Allemagne et en Italie*, 1844). C'est en 1831 qu'est publiée une troisième édition corrigée de *Frankenstein*, complétée d'une préface. Habitant avec son unique fils survivant (Percy Florence) et sa belle-fille dans le Sussex, mais souffrant de migraines et de divers soucis de santé, Mary est victime d'une attaque de paralysie à l'automne 1850 ; elle s'éteindra sans jamais avoir cessé d'écrire le 1er février 1851 à Londres.

Frankenstein : une construction particulière

Le système narratif de ce roman fait appel au procédé de mise en abyme, avec des histoires enchâssées les unes dans les autres. Ainsi, le cadre général est d'abord centré sur Robert Walton, qui raconte par lettres à sa sœur le récit de ses aventures au pôle Nord ; le lecteur découvre ensuite l'incroyable récit de Victor Frankenstein, un scientifique recueilli par l'explorateur sur la banquise : celui-ci a voulu donner la vie à une créature effrayante, en défiant Dieu et la science ; enfin, la parole sera donnée au monstre lui-même, lequel évoque les tourments qu'il a endurés…

Présentation : l'auteur, l'œuvre et son contexte

La naissance de *Frankenstein*, une création gothique

C'est durant le printemps 1816, près du lac Léman, que Mary, Percy Shelley et leurs amis (le poète Byron et le médecin John Polidori) font le pari d'écrire chacun une « histoire de fantômes », en s'inspirant toutefois des théories scientifiques du moment. Mary commence alors, à 19 ans, une nouvelle qui deviendra un roman semi-fantastique mythique. Il est publié anonymement en janvier 1818, et l'accueil est très positif. De nombreux critiques seront toutefois persuadés que Percy Shelley – qui en signe la

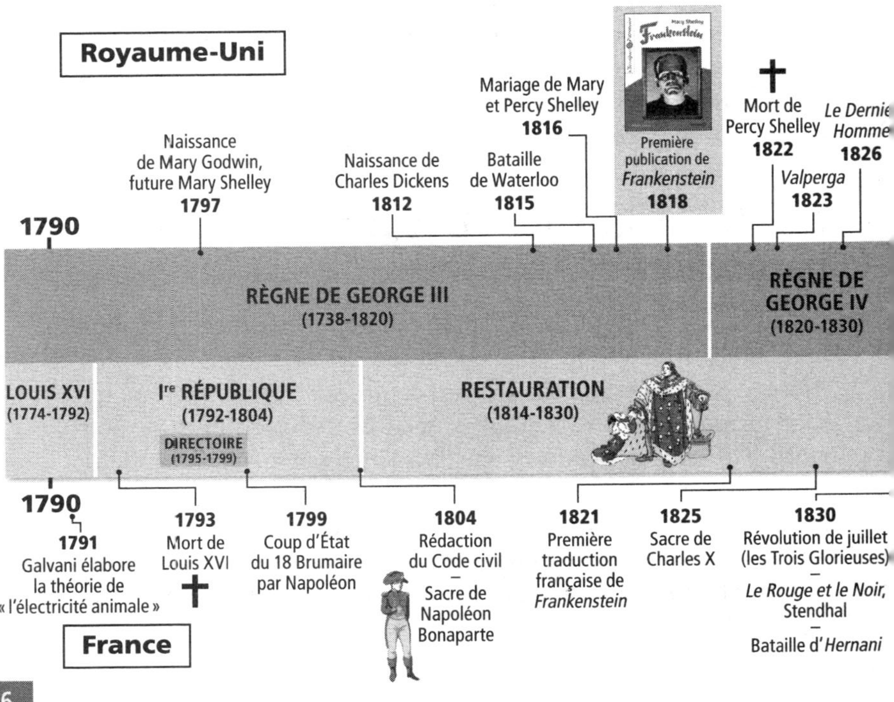

préface – en est le véritable auteur ! Aujourd'hui, *Frankenstein* est considéré comme un incontournable pilier de la littérature gothique et du romantisme en général.

Aux frontières de plusieurs genres (épouvante, science-fiction, récit de voyage et fable philosophique), *Frankenstein* participe de ces grands chefs-d'œuvre visionnaires devenus intemporels : il interroge notamment sur le dépassement des limites et la perte d'humanité. Le thème du monstre ouvrira à la critique sociale, à la visualisation artistique de mondes étranges ou inconnus, ainsi qu'à de nombreux enjeux politiques et moraux liés au XXIe siècle.

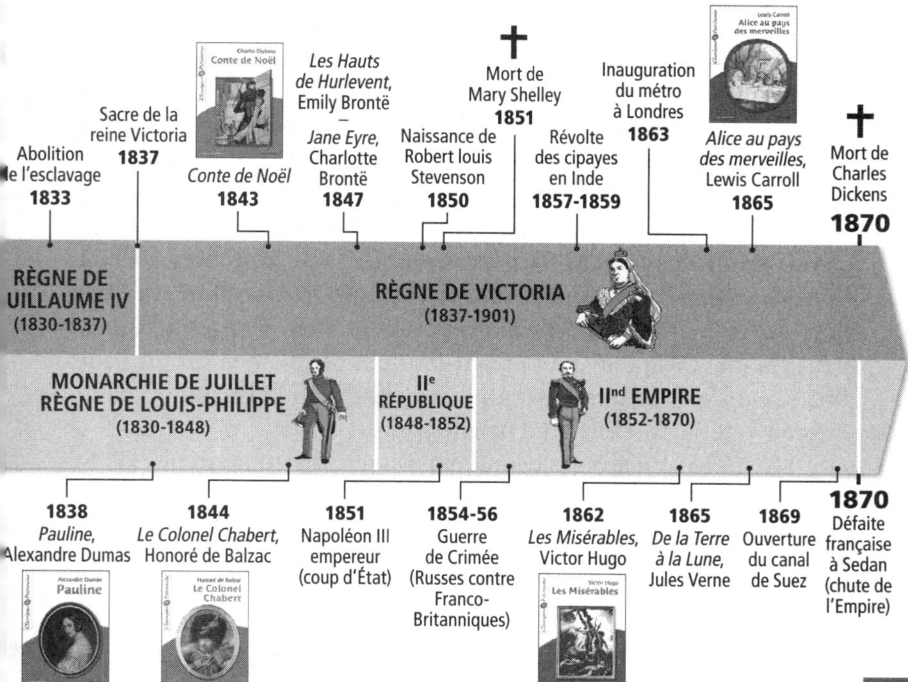

Frankenstein
ou le Prométhée moderne

Lettre Ire
À Madame Saville, en Angleterre

*Saint-Pétersbourg, 11 décembre 17***

Vous serez bien aise d'apprendre qu'aucun malheur n'a troublé le commencement d'une entreprise que vous avez envisagée avec de funestes[1] pressentiments. Je suis arrivé ici hier, et mon premier devoir est d'informer ma chère sœur que ma santé est bonne, et ma confiance plus grande dans le succès de mon entreprise.

Je suis déjà loin au nord de Londres ; et, quand je me promène dans les rues de Saint-Pétersbourg, je sens se jouer sur mes joues la brise froide du nord qui me resserre les nerfs et me remplit de volupté[2]. [...] Je rassasierai mon ardente curiosité, en voyant une partie du monde qui n'a jamais été visitée avant moi, et je puis fouler une terre qui n'a jamais été pressée par les pieds d'un mortel. Voilà ce qui m'attire, et cela me suffit pour bannir toute crainte du danger ou de la mort, et m'encourager à commencer ce pénible voyage avec la joie qu'éprouve un enfant lorsqu'il s'embarque sur un petit bateau un jour de fête, avec ses camarades, pour l'expédition d'une découverte sur la rivière qui baigne son pays natal. [...]

Six ans se sont écoulés depuis que j'ai pris la résolution que j'exécute en ce moment. Je puis, même à présent, me souvenir de l'heure

---

Vocabulaire

1. *Funestes* : sombres, mortels.
2. *Volupté* : plaisir.

où je me suis dévoué à cette grande entreprise. J'ai commencé par accoutumer mon corps à la fatigue. J'ai accompagné les pêcheurs de baleine dans plusieurs expéditions à la mer du Nord ; j'ai enduré volontairement le froid, la faim, la soif et l'insomnie ; souvent, pendant le jour, je supportais des travaux plus rudes qu'aucun des matelots, et je passais mes nuits à étudier les mathématiques, la théorie de la médecine, et ces branches de science physique dont un homme ami des entreprises maritimes peut souvent tirer le plus grand avantage. Deux fois même je me suis engagé comme contremaître[1], pour la pêche du Groenland, et je me suis acquitté à merveille de mes fonctions. Je dois avouer que je sentis un petit mouvement d'orgueil, lorsque le capitaine m'offrit la seconde dignité du vaisseau, et me supplia de rester, avec le plus grand empressement, tant il appréciait mes services.

[...]

Cette saison est la plus favorable pour voyager en Russie. On vole sur la neige dans des traîneaux ; le mouvement en est doux, et, à mon avis, beaucoup plus agréable que celui d'une diligence anglaise. Le froid n'est pas excessif, lorsqu'on est enveloppé de fourrures ; et j'ai déjà adopté ce costume, car il y a une grande différence de se promener sur un pont, ou de rester assis pendant plusieurs heures, sans faire un mouvement et sans qu'aucun exercice n'empêche le sang de se glacer dans les veines. Je n'ai nullement l'ambition de perdre la vie sur la grande route entre Saint-Pétersbourg et Archangel.

Je partirai pour cette dernière ville dans quinze jours ou trois semaines ; et mon intention est d'y louer un vaisseau, ce qui est bien facile en payant caution au propriétaire, et d'engager autant de matelots que je croirai nécessaires parmi ceux qui sont accoutumés à la pêche de la baleine. Je ne compte pas mettre à la voile avant le mois de juin : et quand reviendrai-je ? Ah ! Ma chère sœur, comment

---

Vocabulaire

1. *Contremaître* : officier de marine.

répondre à cette question ? Si je réussis, bien des mois, des années peut-être s'écouleront avant que nous puissions nous voir. Dans le cas contraire, vous me reverrez bientôt, ou jamais.

[...]

Votre affectionné frère,

R. WALTON

Lettre II

À Madame Saville, en Angleterre

*Archangel, 28 mars 17***

Que le temps passe lentement ici, entouré comme je suis par la glace et la neige ! Cependant, j'ai fait un second pas dans mon entreprise ; j'ai loué un vaisseau, et je suis occupé à rassembler mes marins, ceux que j'ai déjà engagés paraissent être des hommes sur lesquels je puis compter, et sont doués, sans en pouvoir douter, d'un courage intrépide[1].

Mais il est un objet, un seul objet dont je n'ai pu encore jouir, et l'absence de ce bien est pour moi le plus grand des maux. Je n'ai pas d'amis, Marguerite : si je suis animé par l'enthousiasme du succès, je n'aurai personne pour partager ma joie ; si je tombe dans le découragement, personne n'essaiera de relever mon courage. Je confierai mes pensées au papier, il est vrai ; mais c'est une triste ressource pour l'épanchement[2] de ce qu'on éprouve. Je voudrais avoir pour compagnon un homme capable de sympathiser avec moi, dont les yeux répondissent aux miens. Vous pouvez me croire romantique, ma chère sœur ; mais je sens cruellement le manque d'un ami. Que

---

Vocabulaire

1. *Intrépide* : déterminé, ne craignant pas les obstacles.
2. *Épanchement* : confession sentimentale.

n'ai-je auprès de moi une personne qui soit en même temps douce et courageuse, douée à la fois d'un esprit cultivé et capable, dont les goûts ressemblent aux miens, et qui puisse approuver ou corriger mes plans. Combien un semblable ami réparerait les fautes de votre pauvre frère ! Je suis trop ardent[1] dans l'exécution, et trop impatient des difficultés ; mais ce qui est pour moi un malheur encore plus grand, c'est que je n'ai reçu qu'une demi-éducation ; car pendant les quatorze premières années de ma vie, je courais dans les bois çà et là, et ne lisais que les livres de voyages de notre bon oncle Thomas. À cet âge, je devins familier avec les poètes célèbres de notre patrie ; je sentis aussi la nécessité d'apprendre d'autres langues que celle de mon pays natal ; mais cette conviction fut chez moi trop tardive pour que je pusse en recueillir les plus précieux avantages. J'ai maintenant vingt-huit ans, et suis en vérité plus illettré que bien des écoliers de quinze ans. Il est vrai que j'ai réfléchi davantage, et que mes idées sont plus étendues et plus grandes ; mais, comme disent les peintres, elles manquent de fond, et j'ai bien besoin d'un ami qui ait assez de bon sens pour ne pas me regarder comme un romantique, et qui m'affectionne assez pour essayer de régler mon esprit.

[...]

Mais si je me plains un peu, ou si je puis concevoir dans mes travaux une consolation que peut-être je ne connaîtrai jamais, ne croyez pas que je sois incertain dans mes résolutions ; elles sont invariables comme le destin ; et mon voyage n'est maintenant différé que jusqu'à ce que le temps me permette de mettre à la voile. L'hiver a été horriblement dur ; mais le printemps s'annonce favorablement, et cette saison paraît même fort avancée. Ainsi, je m'embarquerai peut-être plus tôt que je ne m'y étais attendu. Je ne ferai rien avec témérité ; vous me connaissez assez pour avoir confiance en ma

Vocabulaire

1. *Ardent* : rapide, impatient.

prudence et en ma circonspection, toutes les fois que la sûreté des autres est commise à mes soins.

[...]

Vous reverrai-je encore, après avoir traversé des mers immenses, et après avoir doublé le cap le plus au sud de l'Afrique ou de l'Amérique ? Je ne puis m'attendre à un pareil bonheur ; et cependant je n'ose regarder le revers du tableau. Continuez à m'écrire par toutes les occasions : je puis recevoir vos lettres (quoique la chance soit fort douteuse) au moment où j'en aurai le plus besoin pour soutenir mon courage. Adieu, adieu, je vous aime bien tendrement. Souvenez-vous de moi avec affection, dussiez-vous même ne plus entendre parler de votre affectionné frère.

ROBERT WALTON

[...]

Lettre IV

À Madame Saville, en Angleterre

*5 août 17***

Nous venons d'être témoins d'un événement si étrange, que je ne puis m'empêcher de vous en faire part, quoiqu'il soit très probable que vous me voyiez avant que ce journal ne puisse vous parvenir.

Lundi dernier (31 juillet), nous étions presque renfermés par la glace qui entourait le vaisseau de tous côtés, et lui laissait à peine un espace dans lequel il flottait. Un brouillard épais, dont nous étions enveloppés, rendait notre situation assez dangereuse. Nous n'eûmes rien de mieux à faire qu'à rester en place, jusqu'à ce qu'il y eût un changement dans l'atmosphère et le temps.

Vers deux heures, le brouillard se dissipa, et nous vîmes flotter, de toutes parts, des îles de glace immenses et irrégulières, qui paraissaient n'avoir pas de bornes. Quelques-uns de mes compagnons se lamentaient, et mon esprit commençait à être agité d'inquiètes pensées, lorsque tout à coup notre attention fut attirée par un objet singulier, qui fit diversion à l'inquiétude que nous inspirait notre situation. Nous vîmes un chariot bas, fixé sur un traîneau et tiré par des chiens, passer au nord, à la distance d'un demi-mille[1] : un être, qui avait la forme d'un homme, mais qui paraissait d'une stature gigantesque, était assis dans le traîneau et guidait les chiens. Nous observâmes, avec nos télescopes, la rapidité de la course du voyageur, jusqu'à ce qu'il fût perdu au loin parmi les inégalités de la glace.

Cette vue excita parmi nous un étonnement dont nous ne pûmes nous rendre compte. Nous pensions être éloignés de terre de plusieurs cents milles ; mais cette apparition sembla prouver que la distance n'était réellement pas aussi grande que nous avions pu le croire. Cependant, cernés par la glace, il nous fut impossible de suivre la trace de ce que nous avions observé avec la plus grande attention.

Environ deux heures après cette rencontre, nous entendîmes le craquement de la mer ; et avant la nuit la glace se rompit, et débarrassa notre vaisseau. Néanmoins, nous restâmes en place jusqu'au matin, dans la crainte de choquer, dans l'obscurité, contre ces grandes masses détachées qui flottent de tous côtés après la rupture de la glace. Je profitai de ce moment pour me reposer pendant quelques heures.

Dans la matinée, cependant, dès qu'il fut jour, je montai sur le pont, et trouvai tous les matelots rassemblés d'un seul côté du vaisseau, et ayant l'air de parler à quelqu'un qui était dans la mer. En effet, un traîneau semblable à celui que nous avions vu auparavant s'était dirigé vers nous, pendant la nuit, sur un large morceau de glace. Il était conduit par un seul chien en vie, et portait un homme auquel les matelots tâchaient de persuader d'entrer dans le bâtiment.

Vocabulaire

1. *Demi-mille* : environ 800 mètres.

Ce n'était pas, comme l'autre voyageur le paraissait, un habitant sauvage de quelqu'île inconnue, mais un Européen. Lorsque je parus sur le pont, le contremaître lui dit :

– Voici notre capitaine, il ne vous laissera pas périr au milieu de la mer.

En me voyant, l'étranger m'adressa la parole en anglais, quoiqu'avec un accent étranger.

– Avant que j'entre à bord de votre bâtiment, dit-il, voulez-vous avoir la bonté de m'informer de quel côté vous vous dirigez ?

Vous devez concevoir mon étonnement, de m'entendre adresser une semblable question par un homme qui était sur le bord de l'abîme, et à qui mon vaisseau devait paraître un bien plus précieux que tous ceux dont on puisse jouir sur la terre. Je répondis cependant que nous faisions un voyage de découverte vers le pôle du nord.

Il parut alors satisfait, et consentit à venir à bord. Bon Dieu ! Marguerite, si vous aviez vu l'homme qui capitulait ainsi pour son salut, vous n'auriez pu revenir de votre surprise. Ses membres étaient presque gelés, et son corps horriblement maigri par la fatigue et la souffrance. Je n'ai jamais vu d'homme dans un état aussi pitoyable. Nous essayâmes de le porter dans la chambre ; mais dès qu'il eut quitté le grand air, il s'évanouit. Nous le reportâmes donc sur le pont, et le rendîmes à la vie en le frottant d'eau-de-vie et en le forçant d'en avaler un peu. Dès qu'il montra signe de vie, nous eûmes soin de l'envelopper dans des couvertures, et de le placer auprès de la cheminée du poêle de cuisine. Il recouvra lentement connaissance, et mangea une petite soupe qui le restaura merveilleusement.

Deux jours se passèrent ainsi, sans qu'il fût capable de parler ; et je craignais souvent que ses souffrances ne l'eussent privé de la raison. Lorsqu'il fut un peu rétabli, je le mis dans ma chambre, et eus pour lui autant de soin que mes devoirs purent me le permettre. Je n'ai jamais vu un être plus intéressant : ses yeux ont ordinairement une expression de fureur, et même de folie ; mais, dans certains moments, quand on a une attention pour lui, ou qu'on lui rend le plus léger service, toute sa figure est adoucie, et sa physionomie respire un sentiment de bienveillance et de douceur tel que je n'ai jamais vu. Il est ordinairement plongé dans la mélancolie[1] et le désespoir ; quelquefois même il grince les dents, comme s'il n'était plus capable de supporter le poids des malheurs qui l'accablent.

Lorsque mon hôte fut un peu rétabli, j'eus beaucoup de peine à éloigner ceux qui voulaient lui faire une foule de questions ; car je ne voulais pas le laisser tourmenter par leur inutile curiosité, dans un état de corps et d'âme dont l'amélioration dépendait évidemment d'un entier repos. Une seule fois, cependant, le lieutenant lui demanda pourquoi il était venu si loin sur la glace, dans un équipage si singulier.

Sa figure prit aussitôt l'expression du plus profond chagrin ; et il répliqua :

– Afin de poursuivre quelqu'un qui me fuyait.

– Et l'homme que vous poursuiviez, voyageait-il de la même manière ?

– Oui, dit-il.

– Alors je crois que nous l'avons vu ; car, la veille du jour où nous vous avons rencontré, nous avions aperçu quelques chiens tirant à travers la glace un traîneau dans lequel était un homme.

Ce peu de mots éveilla l'attention de l'étranger ; et il fit une multitude de questions pour savoir la route qu'avait tenue le démon (c'est ainsi qu'il l'appelait). Bientôt après, lorsqu'il fut seul avec moi, il me dit :

– J'ai, sans doute, excité votre curiosité, aussi bien que celle de ces braves gens ; mais vous êtes trop délicat pour me faire des questions.

– Certainement ; il serait très indiscret et très inhumain de ma part de vous faire de la peine pour satisfaire ma curiosité personnelle.

Vocabulaire

1. *Mélancolie* : tristesse, pessimisme.

– Et cependant vous m'avez tiré d'une position étrange et dangereuse ; vous m'avez généreusement rendu à la vie.

Ensuite il me demanda si je croyais que la rupture de la glace eût anéanti l'autre traîneau. Je lui dis que je ne saurais répondre avec certitude ; car la glace ne s'était guère brisée avant minuit, et le voyageur pouvait être arrivé avant ce temps en lieu de sûreté ; mais que je n'en pouvais juger.

Depuis ce temps, l'étranger paraissait très empressé à être sur le pont, pour épier le traîneau qu'on avait vu auparavant ; mais je l'ai engagé à rester dans la chambre, car il est beaucoup trop faible pour soutenir la rigueur de l'atmosphère. J'ai promis que l'on observerait pour lui, et qu'il serait averti sur-le-champ, si quelque nouvel objet s'offrait à la vue.

Voilà mon journal jusqu'aujourd'hui, sur ce qui a rapport à notre étrange rencontre. L'étranger a insensiblement recouvré la santé, mais il est très silencieux, et paraît embarrassé lorsqu'un autre que moi entre dans sa chambre. Cependant, ses manières sont si engageantes et si douces, que les matelots s'intéressent tous à son sort, quoiqu'ils aient eu très peu de communication avec lui. Pour moi, je commence à l'aimer comme un frère ; et son chagrin profond et continuel m'attire vers lui, et m'inspire de la compassion. Il faut qu'il ait été un homme bien remarquable dans des jours plus heureux pour lui, puisque dans le malheur il est encore si attrayant et si aimable.

Je disais dans une de mes lettres, ma chère Marguerite, que je ne trouverais pas d'amis sur le vaste Océan, et pourtant j'ai trouvé un homme que mon cœur aurait été heureux d'aimer comme un frère, avant que son âme eut été brisée par le malheur.

Je continuerai de temps en temps mon journal sur cet étranger, si j'ai quelque chose de nouveau à vous apprendre.

Lettre IV

*13 août 17***

Mon affection pour mon hôte augmente de jour en jour. Il excite du moins mon admiration et ma pitié d'une manière étonnante. Comment pourrai-je voir un être aussi noble abîmé par le malheur, sans éprouver la plus vive douleur ? Il est si doux et si sage à la fois ; son esprit est si cultivé ; et lorsqu'il parle, ses paroles, quoique choisies avec l'art le plus délicat, coulent avec une rapidité et une éloquence[1] incomparables.

Il est maintenant très bien rétabli, et il se tient continuellement sur le pont, pour épier sans doute le traîneau qui a précédé le sien. [...]

*19 août 17***

L'étranger me dit hier :

– Vous pouvez voir facilement, capitaine Walton, que j'ai éprouvé de grands et incomparables malheurs. J'étais décidé d'abord à ensevelir avec moi le souvenir de ces maux, mais vous avez changé ma résolution. Vous cherchez les connaissances et la sagesse ; moi aussi j'ai cherché ces biens. J'espère avec ardeur que l'accomplissement de vos vœux ne deviendra pas pour vous, comme pour moi, une cause de douleur. Je ne sais si l'histoire de mes infortunes vous sera utile ; mais si vous le désirez, je vous en ferai le récit. Je crois que les événements étranges qui se lient à ma destinée, vous feront envisager la nature sous un point de vue capable d'agrandir vos facultés et votre intelligence. Vous entendrez parler de puissances et d'aventures que vous êtes habitué à croire impossibles. Mais je ne doute pas que mon

---

Vocabulaire

1. *Éloquence* : facilité à s'exprimer.

histoire ne porte avec elle l'évidence de la vérité des événements qui la composent.

Vous devez concevoir facilement que je fus enchanté d'une offre de ce genre. Cependant je craignais qu'il ne renouvelât sa douleur par le récit de ses infortunes. Je sentis le plus vif empressement d'entendre l'histoire qu'il m'avait promise, tant pour satisfaire ma curiosité, que par un grand désir d'améliorer son sort, s'il était en mon pouvoir. Je lui exprimai ces sentiments dans ma réponse.

[...]

Il me dit alors qu'il commencerait le lendemain son récit, lorsque j'en aurais le temps. Cette promesse me fit faire de profondes réflexions, et j'ai résolu de consacrer mes loisirs du soir à écrire ce qu'il m'aura raconté pendant le jour, en rapportant, autant que possible, ses propres expressions. Si je n'en ai pas le temps, je prendrai du moins des notes. Ce manuscrit vous fera sans doute le plus grand plaisir : mais pour moi, qui le connais, et qui apprendrai cela de sa bouche, avec quel intérêt et quelle émotion je le relirai un jour !

Chapitre Ier

Je suis né à Genève, et ma famille est une des plus considérables de cette république. Mes ancêtres avaient été, depuis bon nombre d'années, conseillers et syndics ; et mon père avait rempli des fonctions publiques avec honneur et distinction. Il était respecté de tous ceux qui le connaissaient, à cause de son intégrité, et de son application infatigable à veiller aux intérêts de l'État. Il passa les années de sa jeunesse continuellement occupé des affaires de son pays, et il n'attendit pas le déclin de sa vie pour penser à se marier, et à laisser à l'État des fils qui pussent transmettre à la postérité ses vertus et son nom.

[...] J'étais l'aîné, et je devais lui succéder dans tous ses travaux et dans ses fonctions. Personne n'eut de plus tendres parents que les miens. Mon éducation et ma santé étaient l'objet de leur sollicitude continuelle, et d'une sollicitude d'autant plus vive, que pendant plusieurs années je fus leur unique enfant. Mais, avant de continuer mon récit, je dois rapporter un événement qui eut lieu lorsque j'étais âgé de quatre ans.

Mon père avait une sœur qu'il aimait tendrement, et qui avait épousé, très jeune, un gentilhomme[1] italien. Peu de temps après son mariage, elle avait accompagné son mari dans son pays ; et, depuis quelques années, mon père n'avait eu que très peu de rapport avec elle. Elle mourut vers l'époque dont j'ai parlé ; et, peu de mois après, il reçut une lettre de son mari. Celui-ci lui faisait part de son intention d'épouser une Italienne, et priait mon père de se charger de sa fille Elizabeth, seul enfant qu'il eut eu de sa sœur. [...]

Dès lors Elizabeth Lavenza devint ma compagne de jeu ; et lorsque nous avançâmes en âge, elle fut mon amie. [...]

Vocabulaire

1. *Gentilhomme* : d'origine noble.

Chapitre II

Mes frères étaient bien plus jeunes que moi ; mais j'avais dans un de mes condisciples un ami dont l'âge répondait au mien. Henry Clerval était fils d'un négociant[1] de Genève, intime ami de mon père. C'était un enfant d'un talent et d'une imagination extraordinaires. [...]

J'ai du plaisir à m'arrêter sur les souvenirs de mon enfance, avant que le malheur n'eût atteint mon esprit et changé ses idées lumineuses sur l'utilité générale en des réflexions sur moi-même, profondes et rétrécies. Mais, en traçant le tableau de mes jeunes années, je ne dois pas omettre ces événements qui me conduisirent insensiblement au dernier degré du malheur ; car, lorsque je me rends compte de la naissance de cette passion qui régla ensuite ma destinée, je la vois sortir de sources impures et presque oubliées, comme un fleuve qui sort des flancs d'une montagne ; mais, en croissant insensiblement, elle est devenue le torrent, qui, dans sa course, a détruit toutes mes espérances et mon bonheur.

La philosophie naturelle est le génie qui a réglé ma destinée ; je désire donc, dans ce récit, établir les faits qui m'ont inspiré une prédilection pour cette science. J'avais treize ans, lorsque nous fîmes tous une partie de plaisir, aux bains près de Thonon : le mauvais temps nous obligea de rester toute une journée renfermés dans l'auberge, et le hasard fit tomber entre mes mains, dans cette maison, un volume des œuvres de Cornélius Agrippa[2]. Je l'ouvris avec indifférence ; la théorie qu'il cherche à démontrer et les faits étonnants qu'il rapporte, changèrent bientôt ce sentiment en enthousiasme. Une nouvelle lumière sembla éclairer mon esprit ; je bondis de joie, et fis part de ma découverte à mon père. Je ne puis m'empêcher de faire remarquer ici les nombreuses occasions qu'ont les instituteurs,

Vocabulaire et nom propre

1. *Négociant* : marchand.

2. *Cornélius Agrippa* : savant et alchimiste allemand réputé (1486-1535).

pour diriger les idées de leurs élèves vers des connaissances utiles, et qu'ils négligent entièrement. Mon père regarda avec indifférence le titre de mon livre, et dit :

– Ah ! Cornélius Agrippa ! Mon cher Victor, ne perdez pas votre temps là-dessus, c'est une triste occupation.

Si, au lieu de cette remarque, mon père eût pris la peine de m'expliquer que les principes d'Agrippa avaient été tout à fait rejetés, et qu'on avait introduit un nouveau système de science, basé sur des raisonnements plus puissants que l'ancien, parce que ceux-ci étaient chimériques[1], tandis que les autres étaient réels et mis en usage ; oh ! alors, j'aurais certainement jeté Agrippa de côté, et, avec une imagination échauffée comme la mienne, je me serais probablement appliqué à la théorie d'alchimie, la plus raisonnable qui soit résultée des découvertes modernes. Il est même possible que le cours de mes idées n'eussent jamais reçu la funeste impulsion qui m'a conduit à ma perte. Mais le mépris vague que mon père avait montré pour mon livre, ne me prouvait nullement qu'il connût ce qu'il contenait, et je continuai de le lire avec la plus grande avidité[2].

Lorsque je fus de retour à la maison, mon premier soin fut de me procurer tous les ouvrages de cet auteur, et ensuite ceux de Paracelse et du Grand Albert[3]. Je lus et j'étudiai avec délices les rêves ténébreux de ces écrivains ; ils me parurent des trésors connus à peu d'autres personnes que moi ; et, quoique je désirasse souvent faire connaître à mon père ces secrètes profondeurs de la science, j'étais toujours retenu par la critique indéterminée qu'il avait faite de mon auteur favori. J'appris ma découverte à Elizabeth, sous le sceau du secret le plus strict ; mais elle ne prenait pas d'intérêt à mon travail, et elle me laissait poursuivre seul mes études. [...]

Vocabulaire et noms propres

1. *Chimériques* : invraisemblables.

2. *Avidité* : envie passionnée, impatience.

3. *Paracelse et Grand Albert* : scientifiques et alchimistes suisse et allemand.

Mes idées ne se bornèrent pas là. L'apparition des esprits et des démons était généreusement promise par mes auteurs favoris : je cherchais avec ardeur l'accomplissement de cette promesse ; et, si mes enchantements restaient toujours sans succès, j'en attribuais la faute plutôt à mon inexpérience et à mon ignorance, qu'à un défaut d'habileté ou de bonne foi dans mes maîtres.

Les phénomènes de la nature qui s'offrent tous les jours à nos yeux, n'échappèrent pas à mes recherches. La circulation et les effets surprenants de la respiration, dont mes autorités ignoraient entièrement la cause, excitèrent mon étonnement ; mais, ce qui m'étonna le plus, ce furent quelques expériences d'une pompe d'air, que je vis employée par une personne que nous avions l'habitude de voir.

L'ignorance des anciens philosophes sur ces points et sur d'autres, servit à leur faire perdre leur crédit auprès de moi ; mais je ne pouvais les quitter entièrement, avant qu'un autre système ne les eût remplacés dans mon esprit.

[...]

Mes occupations, à cette époque, étaient principalement les mathématiques, et la plupart des branches d'étude qui appartiennent à cette science. Je m'occupais aussi beaucoup à apprendre les langues ; le Latin m'était déjà familier, et je commençais à lire quelques-uns des auteurs grecs les plus faciles sans le secours d'un Lexicon[1]. Je comprenais parfaitement aussi l'anglais et l'allemand. Voilà la nomenclature[2] de ce que je savais à l'âge de dix-sept ans ; et vous devez penser que mes moments étaient entièrement occupés pour acquérir et conserver la connaissance de ces différentes littératures.

[...]

Vocabulaire

1. *Lexicon* : dictionnaire des termes et expressions.
2. *Nomenclature* : liste détaillée.

Chapitre III

Je venais d'atteindre ma dix-septième année, quand mes parents prirent la résolution de m'envoyer étudier à l'université d'Ingolstadt[1]. J'avais d'abord suivi les écoles de Genève ; mais mon père pensa qu'il était nécessaire, pour le complément de mon éducation, de me faire connaître d'autres usages que ceux de mon pays natal. Mon départ fut donc prochainement fixé ; et, avant que le jour marqué ne fût venu, j'éprouvai le premier malheur de ma vie... présage de ceux qui m'attendaient.

Elizabeth avait eu la fièvre rouge, mais sans aucun symptôme de danger. Elle ne tarda pas à recouvrer la santé. Pendant le temps de la maladie, on avait tout fait pour persuader à ma mère de ne pas la voir. Elle s'était d'abord rendue à nos supplications ; mais, lorsqu'elle apprit que sa chère nièce se rétablissait, elle ne put se priver davantage de sa société, et entra dans sa chambre longtemps avant que l'air ne fût sans danger. Les conséquences de cette imprudence furent funestes. Le troisième jour, ma mère tomba malade ; sa fièvre prit un caractère de malignité[2], et nous vîmes sur le visage de ceux qui la soignaient l'augure[3] du plus triste événement. [...]

Elle mourut avec calme, et en conservant sur son visage inanimé l'expression de la tendresse. [...]

Mon voyage à Ingolstadt, qui avait été différé par ces événements, fut décidé de nouveau. [...]

Des pleurs coulaient des yeux d'Elizabeth ; elle ne pouvait les retenir en songeant que mon départ la laissait dans le chagrin, et que le même voyage avait été fixé trois mois auparavant, lorsque la bénédiction d'une mère m'aurait accompagné. [...]

Vocabulaire et nom propre

1. *Ingolstadt* : ville bavaroise, au sud-est de l'Allemagne.
2. *Malignité* : infection grave.
3. *L'augure* : le présage.

J'eus tout le temps de me livrer à ces réflexions et à bien d'autres pendant mon voyage à Ingolstadt, qui fut long et fatigant. Enfin, j'aperçus les clochers blancs et élevés de la ville. Je descendis de voiture, et je fus conduit dans mon appartement solitaire pour passer la soirée comme il me plairait.

Le lendemain matin, je remis mes lettres d'introduction ; je ne manquai pas de rendre visite à quelques-uns des principaux professeurs, et entre autres à M. Krempe, professeur de philosophie naturelle. Il me reçut avec politesse, et me fit plusieurs questions sur mes progrès dans les différentes branches de science qui appartiennent à la philosophie naturelle. Je lui nommai, non sans crainte et sans hésitation, les seuls auteurs que j'eusse jamais lus sur ce sujet. Le professeur me regarda fixement :

– Avez-vous, dit-il, réellement perdu votre temps à étudier de pareilles absurdités ?

– Je vous ai dit la vérité, répondis-je.

– Chaque minute, continua M. Krempe avec chaleur, chaque moment que vous avez passé sur ces livres est tout à fait et complètement perdu. Vous avez chargé votre mémoire de systèmes repoussés et de noms inutiles. Grand Dieu ! Dans quel désert avez-vous habité, puisque personne n'a été assez bon pour vous apprendre que ces rêves, dont vous vous êtes pénétré avidement, sont enfantés depuis mille ans, et sont aussi méprisés qu'ils sont anciens ? Je ne m'attendais guère à trouver dans ce siècle éclairé et savant, un disciple du Grand Albert et de Paracelse. Mon cher monsieur, il faut recommencer entièrement vos études.

Après avoir ainsi parlé, il se mit à l'écart, et écrivit une liste de plusieurs livres qui traitaient de la philosophie naturelle. Il m'invita à les acheter ; et il prit congé de moi, en me prévenant qu'au commencement de la semaine suivante, il ouvrirait un cours sur la philosophie naturelle dans ses rapports généraux, et que M. Waldman, son collègue, en ferait un sur l'alchimie[1], alternativement avec le sien.

[...]

Soit par curiosité, soit par oisiveté, j'allai dans la salle des cours : M. Waldman y entra un instant après. Ce professeur ne ressemblait pas à son collègue. Il paraissait avoir environ cinquante ans, et portait sur son visage l'expression de la plus grande bonté : quelques cheveux gris couvraient ses tempes ; des cheveux presque noirs garnissaient le derrière de sa tête. Il était petit, mais très droit, et doué du plus doux organe. Il commença son cours par un précis de l'histoire de l'alchimie et des différentes découvertes dues à plusieurs savants, prononçant avec chaleur les noms de ceux qui s'étaient le plus distingués par ces découvertes. Il fit alors un tableau rapide de l'état actuel de la science, et expliqua plusieurs termes élémentaires. Après avoir fait quelques expériences préparatoires, il termina par un panégyrique[2] de l'alchimie moderne, en des termes que je n'oublierai jamais.

[...]

Je me retirai enchanté du professeur et de sa leçon ; j'allai le soir même lui rendre visite. Ses manières chez lui étaient encore plus douces et plus attrayantes qu'en public ; car, pendant son cours, il y avait sur son visage une certaine dignité qui, en particulier, faisait place à la plus grande affabilité[3] et à beaucoup de politesse. Il écouta avec attention la petite histoire de mes études, et sourit aux noms de Cornelius Agrippa et de Paracelse, mais sans le mépris qu'avait montré M. Krempe. Il me dit que c'était au zèle infatigable de ces hommes que les philosophes modernes étaient redevables de la plupart des principes de leur science ; qu'ils nous avaient laissé la tâche plus facile de donner

---

Vocabulaire

1. *Alchimie* : science alternative cherchant à transformer la matière.
2. *Panégyrique* : éloge excessif.
3. *Affabilité* : courtoisie.

les noms et de classer avec ordre les faits qu'ils avaient puissamment contribué à mettre au grand jour ; que les travaux des hommes de génie, quoiqu'erronés, finissaient toujours par tourner au profit de l'espèce humaine. J'écoutais son raisonnement, qui était prononcé sans orgueil ni affectation ; j'ajoutai alors que sa leçon avait dissipé mes préjugés contre les alchimistes modernes ; et en même temps, je lui demandai ses conseils sur les livres que je devais me procurer.

[...]

Il m'introduisit alors dans son laboratoire, et m'expliqua l'usage de ses différents instruments ; il me montra tous ceux que je devais avoir, et me promit de me prêter les siens, lorsque j'aurais assez d'expérience pour ne pas en déranger le mécanisme. Il me donna aussi la liste des livres que j'avais demandée, et je pris congé de lui.

Ainsi finit cette journée mémorable pour moi ; elle décida de mon avenir.

Chapitre IV

[...]

Un des phénomènes qui avaient particulièrement attiré mon attention était la structure du corps humain, et même de tout être animé. Je me demandais même souvent d'où pouvait procéder le principe de la vie. Cette question était hardie : c'était même un mystère aux yeux du monde ; et, cependant, que de choses nous pourrions apprendre, si la lâcheté ou l'insouciance n'arrêtaient pas nos recherches. Ces pensées s'agitèrent dans mon esprit, et me déterminèrent à étudier désormais plus particulièrement les parties de la philosophie naturelle qui ont rapport à la physiologie. Sans un enthousiasme presque surnaturel, mon application à cette étude eût été pleine de dégoûts, et presque insupportable. Pour examiner les causes de la vie, nous devons d'abord avoir recours à la mort. J'appris l'anatomie : mais cette science ne suffisait pas ; il fallut aussi que j'observasse la décomposition naturelle et la corruption du corps humain. En m'élevant, mon père avait pris les plus grandes précautions, pour qu'on ne remplît pas mon esprit d'horreurs surnaturelles. Je ne me souviens pas d'avoir jamais frissonné au récit d'un conte superstitieux, ou d'avoir eu peur de l'apparition d'un fantôme. L'obscurité ne faisait aucun effet sur mon imagination ; et un cimetière n'était pour moi que le réceptacle[1] des corps privés de la vie, qui, après avoir été le siège de la beauté et de la force, étaient devenus la pâture des vers. Je me mis à examiner la cause et les progrès de cette décomposition, et je fus forcé de passer des jours et des nuits au milieu des tombeaux et dans des charniers. Je portais mon attention sur tous les objets les plus désagréables à la délicatesse des sensations humaines. J'examinai combien la belle forme de l'homme était dégradée et ravagée ; je vis la corruption[2] de la mort remplacer l'éclat d'un visage animé, et les vers hériter des merveilles de l'œil et du cerveau. Je m'arrêtais à observer et à analyser toutes les minuties de notre être, dévoilées dans le passage de la vie à la mort, lorsque, du milieu de cette obscurité, une lumière soudaine vint éclairer mon esprit. Elle était si brillante, si merveilleuse, et pourtant si naturelle, que je fus à la fois ébloui par l'immense clarté qu'elle répandait, et surpris que, parmi tant d'hommes de génie dont les recherches avaient eu pour but la même science, je fusse le seul destiné à découvrir cet étonnant secret.

Rappelez-vous que je ne rapporte pas la vision d'un fou : ce que j'affirme est aussi vrai que le soleil brille dans les cieux. Que ce soit par un miracle, il n'en est pas moins vrai que les progrès de la découverte sont distincts et probables. Après des jours et des nuits d'un travail et d'une fatigue incroyables, je parvins à connaître la cause de la génération et de la vie ; je devins même capable d'animer une matière inerte.

Vocabulaire

1. *Réceptacle* : contenant.
2. *Corruption* : dégradation.

[...]

Mon ami, je vois, à votre impatience, à l'étonnement et à l'espoir qu'expriment vos yeux, que vous vous attendez à ce que je vous instruise du secret de ma découverte ; cela ne se peut : écoutez patiemment la fin de mon histoire, et vous verrez facilement pourquoi je me renferme dans le silence. Imprévoyant et ardent comme je l'étais alors, je ne vous conduirai pas à votre perte et à un malheur infaillible. Apprenez de moi, sinon par mes préceptes[1], du moins par mon exemple, combien la science est dangereuse. Soyez-en certain : l'homme qui croit que sa ville natale est le monde est plus heureux que celui qui aspire à s'élever plus qu'il ne peut prétendre.

Maître d'un pouvoir si étonnant, j'hésitai longtemps sur l'usage que j'en ferais. J'avais, il est vrai, la faculté d'animer ; mais il restait encore un ouvrage d'une difficulté et d'une peine inconcevables, c'était de préparer un corps destiné à recevoir la vie, avec toutes ses combinaisons de fibres, de muscles et de veines. J'hésitai d'abord, si j'essayerais[2] de créer un être semblable à moi-même ou d'une organisation plus simple ; mais mon imagination était trop exaltée par mon premier succès pour que je misse en doute mon habileté à donner la vie à un être aussi compliqué et aussi merveilleux que l'homme. Les matériaux dont je pouvais disposer me parurent à peine suffisants pour une entreprise aussi hardie ; mais je ne doutai pas que je ne finisse par réussir. Je me préparai à une multitude de revers ; il était possible que mes opérations fussent sans succès, et enfin que mon ouvrage fût imparfait. Cependant, en réfléchissant aux progrès qu'on faisait tous les jours dans la science et dans la mécanique, je me flattais que mes essais seraient du moins la base d'un prochain succès, et je ne pouvais croire que mon plan fût impraticable, par cela même qu'il était grand et compliqué. Ce fut dans ces dispositions que

---

Vocabulaire

1. *Préceptes* : enseignements.

2. *Si j'essayerais* : devrais-je essayer.

je commençai à créer un être humain. Comme la petitesse des parties formait une grande difficulté, je crus pouvoir accélérer mon ouvrage, en prenant la résolution, contraire à mes premières intentions, de le faire d'une stature gigantesque, c'est-à-dire, d'environ huit pieds[1] de hauteur, et d'une grosseur proportionnée. Cette détermination prise, je m'occupai pendant plusieurs mois à rassembler et à arranger avec succès mes matériaux : enfin, je me mis à l'ouvrage.

[...] Enfermé dans une chambre, ou plutôt dans une cellule solitaire, de la partie la plus élevée de la maison, et séparée de tous les autres appartements par une galerie et par un escalier, je me livrais au travail d'une création pleine de dégoût : mes yeux sortaient de leur orbite pour suivre les détails de mes occupations. La salle de dissection et la tuerie me fournissaient un grand nombre de matériaux ; souvent je me détournais avec horreur de mes travaux, lorsque, excité encore par une ardeur toujours croissante, j'étais près d'achever mon ouvrage.

[...]

Chapitre V

Ce fut en novembre, pendant une nuit affreuse, que je vis l'accomplissement de mes travaux. Dans une inquiétude voisine de l'agonie, je rassemblai autour de moi les instruments propres à donner la vie, pour introduire une étincelle d'existence dans cette matière inanimée qui était à mes pieds. L'airain[2] avait déjà sonné la première heure après minuit ; la pluie battait, avec un sifflement horrible, contre mes fenêtres ; ma lumière était près de s'éteindre, lorsqu'à cette lueur vacillante, je vis s'ouvrir l'œil jaune et stupide

Vocabulaire

1. *Huit pieds* : 2,43 mètres.
2. *Airain* : cloche de bronze.

de la créature ; elle respira avec force, et ses membres furent agités d'un mouvement convulsif[1].

Comment décrire ce que j'éprouvai à cette vue, ou comment peindre le malheureux dont la formation m'avait coûté tant d'efforts, de peines, et de soins ? Ses membres étaient d'une juste proportion, et les traits que je lui avais donnés n'étaient pas moins beaux. Beaux !... grand Dieu ! Sa peau jaune couvrait à peine le système des muscles et des artères : sa chevelure flottante était d'un noir brillant ; ses dents étaient blanches comme des perles ; mais ces avantages ne formaient qu'un contraste plus horrible avec des yeux insipides, qui paraissaient presque de la même couleur que leurs blanches et sombres orbites ; une peau ridée, et des lèvres noires et serrées l'une contre l'autre. Les différents événements de la vie ne sont pas aussi variables que les sensations du cœur humain. Je n'avais pas cessé de travailler pendant près de deux ans, dans le seul but de donner l'être à un corps inanimé. Dans cette vue, j'avais négligé mon repos et ma santé : j'avais désiré atteindre ce but avec une ardeur immodérée ; et, maintenant que j'y étais parvenu, la beauté du rêve s'évanouit ; mon cœur se remplit d'une horreur et d'un dégoût affreux. N'ayant pas la force de soutenir la vue de l'être que j'avais créé, je sortis de mon laboratoire, et me promenai longtemps en parcourant ma chambre en tous sens, et sans songer au sommeil. Enfin, la fatigue succéda à mon agitation, et je me jetai sur mon lit pour chercher, pendant quelques moments, l'oubli de ma situation. Ce fut en vain : je dormis pourtant ; mais je fus troublé par les rêves les plus effrayants. Je crus voir Elizabeth, brillante de santé, se promener dans les rues d'Ingolstadt. Charmé et surpris, je l'embrassai ; en imprimant mon premier baiser sur ses lèvres, je les vis devenir livides comme la mort ; je vis ses traits changer, et je crus tenir entre mes bras le cadavre de ma mère. Elle était couverte d'un linceul, dans les plis duquel je voyais

Vocabulaire

1. *Convulsif* : se contractant involontairement.

ramper les vers du tombeau. Je m'éveillai saisi d'horreur ; une sueur froide couvrait mon front ; mes dents claquaient les unes contre les autres ; et tous mes membres étaient en convulsion, lorsqu'à la clarté faible et jaunâtre de la lune qui donnait sur les croisées, je distinguai le malheureux... le misérable monstre que j'avais créé. Il tenait les rideaux du lit ; et ses yeux, si je puis les appeler ainsi, étaient fixés sur moi. Sa bouche s'ouvrit, et il fit entendre quelques sons inarticulés, en faisant des grimaces affreuses. Peut-être avait-il parlé ; mais je n'entendis pas ; il étendit une main, sans doute pour me retenir, mais j'échappai, et descendis précipitamment les escaliers. Je me réfugiai dans la cour de la maison, où je passai le reste de la nuit à me promener en long et en large dans la plus grande agitation, prêtant attentivement et avec crainte l'oreille au moindre bruit, comme s'il m'annonçait l'approche du démon à qui j'avais si malheureusement donné la vie.

Ah ! Quel mortel pourrait soutenir l'horreur de cette situation ! Une momie à qui on rendrait l'âme ne serait pas aussi hideuse que ce monstre. Je l'avais observé lorsqu'il n'était pas encore achevé : il était laid alors ; mais, lorsque les muscles et les articulations purent se mouvoir, il devint si horrible, que le Dante[1] lui-même n'aurait pu l'imaginer.

[...]

Le jour commença enfin à paraître ; le temps était sombre et pluvieux. Cependant, mes yeux découvrirent l'église d'Ingolstadt, ses blancs clochers, et l'horloge qui marquait six heures. Le gardien ouvrit les portes de la cour qui avait été mon asile pendant la nuit : je sortis dans les rues ; je me mis à les parcourir avec précipitation, comme si je cherchais à éviter le misérable, et en tremblant de le rencontrer à chaque détour de rue. Je n'osais retourner à l'appartement que j'habitais ; et je me sentais entraîné avec une vitesse

Nom propre

1. *Dante* : poète italien (1265-1321) auteur de *La Divine Comédie* (1472).

prodigieuse, quoique trempé par la pluie qui tombait à verse d'un ciel noir et couvert.

[...]

En continuant ainsi, j'arrivai enfin devant une auberge où descendaient ordinairement les voitures et les diligences. Je m'y arrêtai machinalement, et je restai pendant quelques minutes les yeux fixés sur une voiture qui arrivait par l'autre bout de la rue, et qui, en s'approchant, me parut être la diligence suisse : elle s'arrêta à l'endroit même où j'étais ; et, dès que la portière fut ouverte, je vis Henry Clerval, qui, en m'apercevant, s'élança dans mes bras.

– Mon cher Frankenstein, s'écria-t-il, que je suis content de te voir ! Que je suis heureux de te rencontrer ici au moment même de mon arrivée !

[...]

Nous montâmes dans ma chambre où le domestique nous apporta aussitôt à déjeuner ; mais je ne pouvais me contenir. Je n'étais pas seulement troublé par la joie ; je me sentais agité aussi par un excès de sensibilité, et par les battements rapides de mon pouls. Je ne pouvais rester un seul instant à la même place ; je sautais sur les chaises, je frappais des mains, et je riais aux éclats. Clerval attribua d'abord l'état extraordinaire dans lequel il me voyait au plaisir que me causait son arrivée ; mais en m'observant avec plus d'attention, il vit dans mes yeux un égarement dont il ne put se rendre compte[1] ; et il fut aussi effrayé qu'étonné de mes éclats de rire immodérés, dont aucun ne venait du cœur.

– Mon cher Victor, s'écria-t-il, pour l'amour de Dieu, dis-moi ce que tu as ? Ne ris pas de cette manière. Comme tu es mal ! Quelle est la cause de tout ce que je vois ?

– Ne me le demande pas, lui dis-je, en me mettant les mains sur les yeux, car je crus voir le monstre horrible se glisser dans la chambre ; lui il peut le dire. Ah ! Sauve-moi ! Sauve-moi !

Vocabulaire

1. *Dont il ne put se rendre compte* : qu'il ne parvint pas à comprendre.

Je m'imaginais que le monstre me saisissait ; je me débattais avec fureur, et je cédai à un violent accès.

Pauvre Clerval, qu'a-t-il dû éprouver ? En quelle amertume se changeait la joie qu'il s'était promise à nous revoir ! Mais je n'étais pas le témoin de sa douleur ; car j'étais sans vie, et je ne recouvrai les sens que longtemps, longtemps après.

Tel fut le commencement d'une fièvre nerveuse, qui me retint plusieurs mois. Pendant tout ce temps, Henry seul me soigna. J'appris par la suite qu'il avait caché à Elizabeth et à mon père l'excès de mon égarement pour épargner des chagrins à l'un, qui, dans un âge avancé, ne pourrait entreprendre un aussi long voyage, et à l'autre, qui ne pourrait supporter l'idée de ma maladie. Il savait que je ne pourrais avoir de soins meilleurs et plus assidus que les siens, et ferme dans l'espérance que je recouvrerais la santé, il ne douta pas que loin de mal agir, il ne fît une très bonne action vis-à-vis de mes parents.

[...]

Je me rétablis lentement, et après des rechutes fréquentes, qui alarmèrent et affligèrent mon ami. Je me souviens que la première fois que je devins capable d'observer avec une sorte de plaisir les objets extérieurs, je vis que les feuilles tombées avaient disparu, et que de jeunes bourgeons poussaient aux arbres qui ombrageaient ma fenêtre. C'était un printemps délicieux, et la saison eut une grande influence dans ma convalescence. Je sentis aussi renaître dans mon cœur des sentiments de joie et d'affection. Mon chagrin s'était dissipé, et bientôt je devins aussi gai qu'avant que je fusse en proie à ma funeste passion.

– Cher Clerval, m'écriai-je, que tu es aimable, que tu es bon pour moi ! Au lieu d'employer tout cet hiver à l'étude, ainsi que tu te l'étais promis, tu l'as passé dans la chambre d'un malade. Comment pourrais-je jamais reconnaître ce service ? J'éprouve le plus grand remords de t'avoir détourné de tes projets ; mais tu pardonneras à ton ami.

– J'en serai suffisamment dédommagé si tu ne te troubles pas ; si tu te rétablis aussi promptement qu'il est possible. À présent que ton esprit me paraît tranquille, je te puis parler sur un sujet… ne le puis-je ?

Je tremblai. Quel pouvait être ce sujet ? Ferait-il allusion à un objet auquel je n'osais même penser ?

– Calme-toi, dit Clerval, qui me vit changer de couleur, je ne t'en parlerai pas si cela t'agite ; mais ton père et ta cousine seraient bien heureux de recevoir une lettre écrite de ta main. Ils ne savent pas combien tu as été malade, et sont inquiets de ton long silence.

– N'est-ce que cela, mon cher Henry ? Comment as-tu pu supposer que ma première pensée ne se porterait pas vers ces amis si chers, que j'aime, et qui méritent tant que je les aime ?

– Si telles sont maintenant tes dispositions, tu seras peut-être bien aise, mon ami, de voir une lettre qui est arrivée ici pour toi depuis plusieurs jours : elle est, je crois, de ta cousine.

Chapitre VI

Clerval me remit la lettre suivante.

À V. Frankenstein.

Mon cher cousin,

Je ne puis vous peindre l'inquiétude que nous avons tous éprouvée au sujet de votre santé. Nous ne pouvons nous empêcher de croire que votre ami Clerval nous cache la gravité de votre maladie ; car voici plusieurs mois que nous n'avons vu de votre écriture, puisque vous avez été obligé, pendant tout ce temps-là, de dicter vos lettres à Henry. Il faut, Victor, que vous ayez été bien malade. Nous en sommes presqu'aussi malheureux que nous l'étions après la mort de votre excellente mère. Mon oncle s'était persuadé que vous étiez très dangereusement malade ; nous l'avons empêché, mais non sans peine, d'entreprendre le voyage d'Ingolstadt. Clerval écrit toujours que vous allez mieux ; j'espère vivement que vous nous confirmerez bientôt cette nouvelle par une lettre écrite de votre propre main ; car, vraiment, Victor, nous sommes tous très affligés de votre état. Qu'un mot de vous nous ôte toute crainte, et nous serons les êtres du monde les plus heureux. […]

Il faut aussi, mon cher cousin, que je vous parle un peu du gentil petit Guillaume : il est très grand pour son âge ; je voudrais que vous le vissiez, avec ses yeux bleus, doux et vifs, ses cils noirs et ses cheveux bouclés. Lorsqu'il sourit, on voit sur ses joues deux petites fossettes qui sont fraîches comme la rose. Il a déjà eu une ou deux petites femmes ; mais Louisa Biron est sa favorite : c'est une jolie petite fille de cinq ans.

[…]

Moi qui vous écris, je suis en bonne santé, mon cher cousin ; mais je ne puis terminer ma lettre sans vous demander encore avec inquiétude des nouvelles de la vôtre. Mon cher Victor, si vous n'êtes pas trop malade, écrivez vous-même, et rendez heureux votre père et nous tous ; on… Je n'ai pas la force de penser au malheur ; mes pleurs coulent déjà. Adieu, mon très cher cousin.

ELIZABETH LAVENZA
Genève, 18 mars 17**

– Chère Elizabeth ! m'écriai-je après avoir lu sa lettre, j'écrirai sur-le-champ, et je mettrai fin à l'inquiétude qui doit la tourmenter.

J'écrivis, et je fus très fatigué d'avoir écrit ; mais ma convalescence venait de commencer, elle continua régulièrement. Quinze jours après, je pus quitter la chambre.

Un de mes premiers devoirs fut de présenter Clerval à plusieurs professeurs de l'université. En agissant ainsi, je suivis une sorte d'usage qui m'était pénible, et qui convenait mal aux souffrances dont mon cœur avait été déchiré. Depuis la nuit fatale qui avait été témoin de la fin de mes travaux, et du commencement de mes malheurs, j'avais conçu une violente antipathie contre le nom même de la philosophie naturelle. Bien plus : dans un état complet de santé, la vue d'un instrument d'alchimie était capable de renouveler toutes mes agitations nerveuses. Henry s'en était aperçu, et avait fait disparaître tous mes appareils. Il avait aussi voulu que je quittasse mon appartement ; car il avait remarqué que j'évitais d'aller dans la chambre qui m'avait auparavant servi de laboratoire. [...]

L'été se passa ainsi, et mon retour à Genève fut fixé pour la fin de l'automne ; mais, retardé pour plusieurs motifs, je fus surpris par l'hiver et la neige, qui rendirent les chemins impraticables, et je remis mon voyage au printemps suivant. Je fus très affligé de ce retard ; car j'étais impatient de revoir ma ville natale et mes amis. Mon retour n'avait été différé aussi longtemps, que parce que je ne voulais pas laisser Clerval dans une ville étrangère, avant qu'il n'eût fait connaissance avec quelques-uns des habitants. Cependant, l'hiver se passa très gaiement ; et le printemps, qui fut plus tardif qu'à l'ordinaire, fut aussi plus beau et plus agréable.

Nous étions au mois de mai ; et j'attendais de jour en jour la lettre qui devait fixer la date de mon départ, lorsqu'Henry me proposa de parcourir à pied les environs d'Ingolstadt, pour faire mes adieux au pays que j'avais si longtemps habité. Je me rendis avec plaisir à cette proposition ; j'aimais l'exercice, et j'avais toujours eu Clerval, de préférence, à tout autre, pour m'accompagner dans ces sortes de courses, auxquelles je m'étais accoutumé dans mon pays natal.

[...]

Nous retournâmes à notre collège un dimanche dans l'après-midi : des paysans dansaient, et toutes les personnes que nous rencontrions paraissaient gaies et heureuses. J'étais dans l'enchantement : j'étais transporté par de vifs sentiments de joie et d'allégresse[1].

Vocabulaire

1. *Allégresse* : joie vivement exprimée.

Chapitre VII

À mon retour, je trouvai la lettre suivante de mon père.

À V. Frankenstein.

Mon cher Victor,

Tu as sans doute attendu avec impatience une lettre qui fixât l'époque de ton retour au milieu de nous. J'ai d'abord été tenté de ne t'écrire que quelques lignes, uniquement pour te dire le jour où j'espère pouvoir t'embrasser ; mais je n'ose pas te rendre un cruel service. Quelle sera ta surprise, mon fils, au moment où tu attends une nouvelle heureuse et agréable, de n'en recevoir au contraire que de tristes et de douloureuses ? Et comment, mon cher Victor, pourrai-je te raconter notre malheur ? Pourquoi faut-il que je t'afflige, mon fils, toi qui es loin de nous, mais qui, dans ton absence, n'es pas devenu insensible à nos joies et à nos chagrins ? Je voudrais te préparer au malheur que je vais t'apprendre, mais je sens que cela m'est impossible, même à présent que tes yeux parcourent la page pour y chercher les mots qui doivent t'en donner l'horrible certitude.

Guillaume n'est plus !… Ce charmant enfant, dont le sourire suffisait pour réjouir et ranimer mon cœur, qui était si doux et si gai à la fois ! Victor ! Il a été assassiné !…

Je n'essaierai pas de te consoler ; je me bornerai à te raconter les détails de cet événement.

Jeudi dernier (7 mars), j'allai, accompagné de ma nièce et de tes deux frères, me promener à Plinpalais[1]*. Le temps était chaud, et si serein que nous prolongeâmes notre promenade plus que de coutume. La soirée était déjà fort obscure avant que nous eussions pensé à rentrer ; mais en nous disposant au retour, nous ne retrouvâmes plus Ernest et Guillaume qui avaient été au-devant de nous. Nous restâmes donc assis à les attendre.*

Nom propre

1. *Plinpalais* : Plainpalais, commune et quartier de la ville de Genève.

Ernest vint bientôt, et nous demanda si nous avions vu son frère : il nous dit qu'ils étaient à jouer ensemble ; que Guillaume l'avait quitté pour se cacher, qu'il l'avait inutilement cherché, et attendu ensuite pendant longtemps, mais qu'il n'était pas venu.

Ce récit ne servit qu'à nous alarmer. Nous continuâmes à le chercher jusqu'à la nuit tombante, quand Elizabeth conjectura[1] *qu'il pouvait être retourné à la maison. Il n'y était pas. Nous revînmes avec des torches ; car je ne pouvais me reposer en songeant que mon fils s'était perdu, et restait exposé à toutes les humidités et aux rosées de la nuit : Elizabeth éprouvait aussi une angoisse extrême. Vers cinq heures du matin, je découvris mon aimable enfant que la nuit précédente j'avais vu brillant et fort de santé, étendu sur le gazon, livide, sans mouvement, et portant au col l'empreinte des doigts du meurtrier.*

Il fut rapporté à la maison, et la douleur qui était peinte sur mon visage apprit à Elizabeth notre malheur. Elle voulut à toute force voir le cadavre. J'essayai d'abord de l'en empêcher ; mais elle persista, entra dans la chambre où il était placé, examina précipitamment le col de la victime, et s'écria, en frappant des mains : « Dieu ! J'ai assassiné cet enfant que j'aimais ! »

Elle s'évanouit, et ne reprit ses sens qu'avec beaucoup de peine. Revenue de son évanouissement, elle ne cessa de pleurer et de gémir. Elle me dit que le soir même, Guillaume l'avait priée de lui mettre au col un riche portrait[2] *de ta mère, qui lui appartenait. Nul doute que ce portrait, qui a disparu, n'ait tenté le meurtrier, et ne l'ait porté au crime. Nous ignorons quelle trace il aura suivie, malgré l'activité de nos recherches pour le découvrir ; mais hélas ! rien ne me rendra mon bien-aimé Guillaume.*

Viens, mon cher Victor ; tu peux seul consoler Elizabeth. Elle pleure sans cesse, et s'accuse injustement d'être cause de la mort de Guillaume. Nous sommes tous plongés dans la douleur ; ne serait-ce pas un motif de plus pour toi, mon fils, de revenir et de nous apporter des consolations ?

Vocabulaire

1. *Conjectura* : supposa.

2. *Un riche portrait* : une miniature, petite peinture fine et délicate de grande valeur.

Ta chère mère ! Hélas, Victor ! Je puis le dire maintenant, remercie Dieu de ce qu'elle ne vit pas, pour être témoin de la mort cruelle et malheureuse de son plus jeune enfant.

Viens, Victor ; sans nourrir des idées de vengeance contre l'assassin, mais avec des sentiments de paix et de douceur, qui calmeront les blessures de nos cœurs, au lieu de les irriter. Entre dans la maison du deuil, mon ami, l'âme pénétrée de tendresse et d'affection pour ceux qui t'aiment, et non de haine contre les ennemis.

Ton affectionné et désolé père,

ALPHONSE FRANKENSTEIN
Genève, 12 mai 17**

Clerval, qui m'avait observé pendant la lecture de cette lettre, fut surpris de voir le désespoir qui succédait à la joie que j'avais d'abord éprouvée en recevant des nouvelles de mes amis. Je jetai la lettre sur la table, et me couvris la figure de mes mains.

– Mon cher Frankenstein, s'écria Henry lorsqu'il me vit pleurer avec amertume[1], seras-tu toujours malheureux ? Mon cher ami, qu'est-il arrivé ?

Je lui fis signe de prendre la lettre pendant que je parcourais la chambre dans la plus grande agitation ; des pleurs coulèrent aussi des yeux de Clerval lorsqu'il lut le récit de mon malheur.

– Mon ami, dit-il, je ne puis t'offrir aucune consolation ; cette perte est irréparable. Que veux-tu faire ?

– Partir sur-le-champ pour Genève : viens avec moi, Henry, commander les chevaux.

[…]

Je restai deux jours à Lausanne, dans cet état pénible d'esprit. Je contemplais le lac : les eaux étaient paisibles, tout était calme autour de moi, et les montagnes couvertes de neige, ces palais de la nature,

---

Vocabulaire

1. *Amertume* : tristesse mêlée à une sensation d'injustice.

n'étaient pas changés. Le calme et la beauté du ciel me ranimèrent insensiblement, et je continuai mon voyage vers Genève.

[...]

Cependant, plus j'approchais de la maison de mon père, plus j'étais tourmenté par la crainte et le chagrin. La nuit vint à étendre son voile sur la nature ; et quand je pus distinguer à peine les montagnes dans l'obscurité, je sentis que ma douleur était plus vive. Je me représentai une longue et effroyable suite de malheurs, et je prévis que j'étais destiné à devenir le plus infortuné de tous les hommes ; hélas ! j'ai prédit juste ; et si je me suis trompé, c'est qu'en prévoyant et en redoutant tant de malheurs, je n'ai pas conçu la centième partie de tous ceux dont je devais être accablé.

Il était tout à fait nuit quand j'arrivai dans les environs de Genève. Les portes de la ville étant déjà fermées, je fus obligé de passer la nuit à Secheron, village situé à une demi-lieue à l'est de la ville. Dans une disposition d'esprit qui ne me permettait aucun repos, je voulus profiter de la sérénité du ciel pour voir l'endroit où mon pauvre Guillaume avait été assassiné. Je ne pouvais traverser la ville. Je me déterminai à passer le lac dans un bateau pour arriver à Plinpalais. Pendant ce court voyage, je vis sur le sommet du Mont-blanc les éclairs briller d'un éclat surprenant, et l'orage s'approcher avec rapidité ; je touchai le rivage, et je montai sur une petite colline pour en observer les progrès. Il avançait au milieu d'un ciel qui se couvrait de nuages. Je sentis bientôt tomber de larges gouttes de pluie. L'orage éclata tout à coup avec violence.

Je quittai ma place et poursuivis ma route, malgré l'obscurité et l'orage qui croissaient à chaque minute, et malgré le tonnerre qui grondait au-dessus de ma tête avec une force effrayante, répété par les échos de Salève, du Jura, et des Alpes de la Savoie. J'étais ébloui par les éclairs qui se réfléchissaient dans le lac, et le rendaient semblable à une vaste nappe de feu ; je fus même un moment dans une obscurité profonde, qui dura jusqu'à ce que l'éblouissement de mes yeux eût cessé. L'orage, comme il arrive souvent en Suisse, paraissait venir à la fois de plusieurs parties du ciel. C'était au nord de la ville qu'il était le plus violent, au-dessus de cette partie du lac qui est située entre le promontoire de Belrive et le village de Copêt. Un autre orage montrait le Jura à la lueur de faibles éclairs. Un troisième obscurcissait et découvrait tour à tour le môle, montagne escarpée à l'est du lac.

Témoin d'un spectacle si magnifique et si terrible à la fois, je marchais à pas précipités. Cette guerre majestueuse dans les cieux élevait mes esprits ; je frappai des mains en m'écriant avec force :

– Guillaume, ange chéri ! voici tes funérailles et tes chants funèbres !

En disant ces paroles, j'aperçus dans l'obscurité un fantôme qui sortit d'une touffe d'arbres auprès de moi ; je fixai mes yeux sur lui pour le reconnaître : je ne pus m'y méprendre. Un éclair brilla et le découvrit entièrement à ma vue ; sa stature gigantesque et la difformité de son aspect plus hideux qu'aucune forme humaine ne me permirent pas de douter que ce ne fût le malheureux, l'infâme démon à qui j'avais donné la vie. Que faisait-il là ? Serait-il l'assassin de mon frère ? Je frémis à cette pensée. Elle entra subitement dans mon esprit, et y domina comme si elle était réelle. Je sentais mes dents s'entrechoquer, et je fus forcé de m'appuyer contre un arbre. En peu de temps le fantôme fut loin de moi, et disparut dans l'obscurité. Quel être humain aurait pu donner la mort à ce bel enfant ? Son assassin !... Je venais de le voir, à n'en pas douter. Je ne pouvais me tromper : j'avais une preuve irrésistible, c'est que j'y avais pensé. Je voulus poursuivre le démon, mais je ne pouvais espérer de l'atteindre ; car à la lueur d'un nouvel éclair, je le vis gravir les rochers presque perpendiculaires du mont Salève, montagne qui borne Plinpalais au sud ; il parvint bientôt au sommet, et disparut.

Je restai sans mouvement. Le tonnerre cessa ; mais la pluie continua encore, et l'horizon fut enveloppé d'une obscurité impénétrable. Je repassai dans mon esprit les événements que j'avais jusqu'ici cherché à oublier : la marche entière de mes progrès vers la création, l'apparition auprès de mon lit de l'être que j'avais formé et animé, et enfin son départ. Deux ans s'étaient presque écoulés depuis la nuit où il avait reçu la vie ; était-ce son premier crime ? Hélas ! J'avais jeté dans le monde un monstre dépravé, qui se plaisait dans le carnage et la désolation ; n'était-il pas l'assassin de mon frère ?

[...]

Il était environ cinq heures du matin quand j'entrai dans la maison de mon père. Je dis aux domestiques de ne pas réveiller la famille, et j'allai dans la bibliothèque, où j'attendis l'heure à laquelle ils avaient coutume de se lever.

[...] Ernest entra dans le moment : il m'avait entendu arriver, et s'était hâté de venir me joindre. Il témoigna en me voyant un plaisir mêlé de chagrin :

– Sois le bienvenu, mon cher Victor, dit-il ; ah ! j'aurais voulu que tu fusses arrivé il y a trois mois ; tu nous aurais trouvés tous gais et contents. Mais nous sommes maintenant malheureux ; et je crains que tu n'aies un accueil plus mêlé de deuil que de joie. Notre père a un air si triste ! Cet événement affreux semble avoir renouvelé dans son cœur le chagrin qu'il éprouva à la mort de maman. La pauvre Elizabeth aussi est tout à fait inconsolable.

En parlant ainsi, Ernest fondait en larmes.

– Ne m'accueille pas de la sorte, lui dis-je ; calme-toi, mon ami ; que je ne sois pas tout à fait malheureux, au moment où je rentre dans la maison de mon père après une si longue absence. Mais, dis-moi, comment mon père supporte-t-il ses malheurs ? Et la pauvre Elizabeth, comment est-elle ?

– Elle a bien besoin de consolation ; elle s'est accusée d'avoir été la cause de la mort de mon frère, et elle en a été bien malheureuse ! Mais depuis que l'assassin a été découvert...

– L'assassin découvert ! Bon Dieu ! Comment cela se peut-il ? Qui pourrait essayer de le poursuivre ? C'est impossible ; il serait aussi facile d'arrêter les vents ou de renfermer un torrent dans une paille.

– Je ne sais ce que tu veux dire ; mais nous avons tous eu une grande peine lorsqu'elle fut découverte. Personne ne l'aurait cru ; et même Elizabeth en doute encore, malgré l'évidence la plus complète. En effet, qui aurait pu penser que Justine Moritz, qui était si aimable et qui avait tant d'attachement pour notre famille, ait pu tout à coup devenir si méchante ?

– Justine Moritz ! Pauvre fille, est-ce elle qui est accusée ? Mais c'est bien à tort ; tout le monde le sait ; personne ne le pense ; j'en suis certain, Ernest ?

– Personne ne le croyait d'abord ; mais plusieurs circonstances nous ont convaincus depuis, presque malgré nous : sa conduite a été si louche, que je crains bien qu'il soit impossible de mettre en doute l'évidence des faits. Au reste elle doit être jugée aujourd'hui : tu connaîtras tout.

Il me raconta que, le jour où l'on avait découvert le meurtre de Guillaume, Justine était tombée malade et s'était mise au lit ; que peu de jours après, un domestique examinant par hasard la robe qu'elle avait portée la nuit de l'assassinat avait trouvé dans sa poche le portrait de ma mère, par lequel on présumait que le meurtrier avait été séduit. Le domestique le montra aussitôt à un autre, qui, sans en dire un mot à qui que ce fût de la famille, alla trouver le magistrat. C'est sur leur déposition que Justine a été arrêtée. Accusée de ce crime, la pauvre fille confirma le soupçon par un extrême embarras.

Ce concours de circonstances singulières n'ébranla pas ma confiance. Je répliquai avec force :

– Vous êtes tous dans l'erreur ; je connais l'assassin. Justine, la pauvre et bonne Justine, est innocente.

Dans ce moment mon père entra. Je vis sur sa figure les traces profondes du chagrin ; mais il essaya de m'accueillir avec gaieté ;

s'entretint avec moi de nos peines, et il voulait détourner la conversation du triste objet dont nous étions occupés, lorsqu'Ernest s'écria :

– Bon Dieu, papa ! Victor dit qu'il sait quel est l'assassin du pauvre Guillaume.

– Nous le savons aussi, répondit mon père, et c'est un malheur ; car, vraiment, j'aurais mieux aimé ne le jamais connaître que de voir tant de dépravation[1] et d'ingratitude dans une personne qui me devait tout.

– Mon cher père, vous êtes dans l'erreur, Justine est innocente.

– Si elle l'est, Dieu a voulu qu'elle souffrît autant que si elle était coupable. Elle doit être jugée aujourd'hui ; mais j'aime à croire qu'elle sera acquittée.

Ces paroles me calmèrent. J'étais intimement persuadé que Justine était innocente de ce meurtre, aussi bien que tout autre être humain. Je ne craignais donc pas que l'évidence fût assez forte pour qu'elle fût convaincue du meurtre. Dans cette persuasion, je devins plus calme, et j'attendis avec impatience le jugement, mais sans prévoir un résultat fâcheux.

Nous fûmes bientôt rejoints par Elizabeth. Le temps l'avait bien changée depuis que je l'avais vue. Six ans auparavant, c'était une jeune fille, jolie et vive, que tout le monde aimait et caressait ; c'était maintenant une femme d'une taille et d'une physionomie fort remarquables. Son front grand et ouvert décelait une merveilleuse intelligence jointe à une rare franchise de caractère. Ses yeux bruns exprimaient une douceur, mêlée à une tristesse qui avait pour motif son affliction récente. Ses cheveux étaient beaux, et noirs comme l'ébène ; son teint superbe, et sa figure vive et gracieuse. Elle m'accueillit avec la plus grande affection.

– Votre arrivée, mon cher cousin, me remplit d'espérance, dit-elle. Vous trouverez peut-être le moyen de mettre au jour l'innocence de

Vocabulaire

1. *Dépravation* : action sans moralité.

ma pauvre Justine. Hélas ! Qui sera en sûreté, si elle est convaincue du crime ? Je me repose sur son innocence avec autant de confiance que sur la mienne. Notre malheur est doublement affreux : nous n'avons pas seulement perdu notre aimable Guillaume ; mais cette pauvre fille, que j'aime sincèrement, va nous être enlevée par une destinée encore plus cruelle. Si elle est condamnée, il n'y aura plus pour moi de bonheur ; et, si elle est acquittée, comme je l'espère, je pourrai encore être heureuse, même après la mort affreuse de mon petit Guillaume.

– Elle est innocente, ma chère Elizabeth, répondis-je, et son innocence sera prouvée ; ne crains rien, et rassure ton esprit par la certitude qu'elle sera acquittée.

– Que vous êtes bon ! On croit généralement qu'elle est coupable, et cette opinion cause mon tourment ; car je sais qu'elle ne peut pas l'être. Mais, en voyant tout le monde avoir contre elle d'aussi fâcheuses préventions, je me suis abandonnée au désespoir.

Elle versa des larmes.

– Ma chère nièce, dit mon père, essuie tes pleurs. Si Justine est innocente comme tu le crois, mets confiance dans l'équité[1] de nos juges, et dans le soin avec lequel je préviendrai toute ombre de partialité[2].

Chapitre VIII

Le procès devait commencer à onze heures : nous restâmes jusqu'à ce moment dans la tristesse. J'accompagnai à la cour mon père et le reste de la famille, qui étaient obligés de paraître comme témoins. [...]

Vocabulaire

1. *Équité* : traitement selon le mérite.
2. *Partialité* : favoritisme.

Justine avait l'air calme : elle était vêtue de deuil ; et sa figure, toujours prévenante, paraissait d'une rare beauté, à laquelle ajoutait la solennité[1] des sensations qui l'occupaient. Cependant, elle semblait se confier en son innocence et ne pas trembler, quoiqu'elle fût observée et maudite par plus de mille personnes ; car l'impression qu'avait pu produire sa beauté, s'effaçait de l'esprit des spectateurs, lorsqu'on pensait à l'énormité du crime dont elle était accusée. Elle était tranquille ; mais sa tranquillité avait quelque chose de forcé ; elle était instruite que son trouble avait été pris pour une preuve de son crime, et elle appliquait son esprit à paraître ferme. En entrant dans la salle, elle la parcourut des yeux, et découvrit bientôt la place que nous occupions. Une larme sembla mouiller sa paupière lorsqu'elle nous aperçut, mais elle se remit promptement ; et un regard mêlé de tristesse et d'amitié parut attester son entière innocence.

Le jugement commença ; un avocat établit les charges, et plusieurs témoins furent appelés. On réunit contre elle plusieurs faits étrangers, qui furent attestés par des personnes qui n'avaient pas, comme moi, des preuves de son innocence. [...]

Je passai la nuit la plus affreuse. Le matin j'allai à la cour, dans un état qui enchaînait ma langue : je n'osai faire la fatale question ; mais j'étais connu, et l'officier devina la cause de ma visite. L'urne fatale avait reçu les boules : toutes étaient noires[2] ; Justine était condamnée.

[...]

Chapitre IX

Rien n'est plus pénible pour le cœur de l'homme, que le calme glacial qui succède aux sentiments divers soulevés par une suite

---

Vocabulaire

1. *La solennité* : l'importance.
2. *L'urne [...] noires* : dans le système pénal de l'époque, lors des délibérations, chaque juré vote en décidant de la culpabilité (boule noire) ou de l'innocence (boule blanche) du condamné.

rapide d'événements, et la certitude qui enlève en même temps l'espérance et la crainte. Justine n'était plus ! Et moi je vivais ! Le sang circulait librement dans mes veines ; mais mon cœur était oppressé par le désespoir et le remords, dont rien ne pouvait me délivrer. Le sommeil fuyait de mes yeux, j'errais comme un mauvais génie, certain d'avoir causé d'horribles malheurs, et convaincu que j'en préparais de plus horribles encore. Cependant je portais dans le cœur des sentiments de bonté et l'amour de la vertu. J'avais commencé la vie avec des intentions bienveillantes ; et je désirais arriver au moment où je pourrais en faire preuve, et me rendre utile à mes semblables. Maintenant tout était changé : au lieu de cette paix de conscience, qui me permettait de jeter avec satisfaction les yeux sur le passé et qui donnait à mes espérances une force nouvelle, j'éprouvais le remords et le sentiment du crime, qui me livraient à des tourments affreux et difficiles à dépeindre.

Cette situation d'esprit influa sur ma santé, dont le rétablissement était complet. Je fuyais la présence des hommes ; j'étais tourmenté par la joie et le bonheur des autres ; je ne trouvais de consolation que dans la solitude… dans une solitude profonde, terrible, semblable à la mort. […]

Vers cette époque, à peu près, nous nous retirâmes à notre maison de Belrive[1]. Ce changement me fut particulièrement agréable. […]

Mon père, à qui l'expression des malheurs empreinte sur mon visage ne semblait que l'exagération de ce chagrin que je devais naturellement éprouver, pensa qu'un amusement conforme à mon goût serait le meilleur moyen de me rendre cette tranquillité d'esprit dont je jouissais auparavant. C'est dans cette vue qu'il était venu à la campagne ; ce fut dans la même vue qu'il nous proposa de faire tous ensemble une excursion dans la vallée de Chamouny[2]. […]

Noms propres

1. *Belrive* : Bellerive, localité vaudoise, dans l'ouest de la Suisse.
2. *Chamouny* : ancien nom de Chamonix, en Haute-Savoie.

Nous passâmes le pont de Pélissier ; là, le ravin que forme la rivière s'ouvrit devant nous, et nous nous mîmes à gravir la montagne qui le domine. Bientôt après, nous entrâmes dans la vallée de Chamouny, plus merveilleuse et plus sublime, mais non aussi belle et aussi pittoresque que celle de Servox[1] que nous venions de traverser. Elle était bornée par de hautes montagnes couvertes de neige ; mais nous ne vîmes plus de châteaux en ruines, ni de campagnes fertiles. D'immenses glaciers bordaient la route ; nous entendions les avalanches tomber avec un bruit semblable au roulement du tonnerre ; nous pouvions même distinguer l'espèce de fumée qu'elles laissaient sur leur passage. Le mont Blanc, le suprême et magnifique mont Blanc, s'élevait du milieu des pics dont il est entouré, et de sa cime terrible dominait toute la vallée.

[...]

Nous nous retirâmes de bonne heure dans nos appartements. Je ne sais si ma famille trouva le sommeil, du moins je ne dormis pas. Je restai plusieurs heures à ma fenêtre, à observer la pâle lueur qui éclairait le sommet du mont Blanc et à écouter le bruit de l'Arve qui coulait sous ma fenêtre.

Chapitre X

Le lendemain, malgré les prédictions de nos guides, le temps fut beau mais nuageux. La source de l'Arveyron fut le premier but de notre curiosité, puis nous parcourûmes la vallée jusqu'au soir. [...]

Le jour suivant, vers le matin, la pluie tomba par torrents, et d'épais brouillards cachèrent la cime des montagnes. Je me levai de bonne heure, avec un sentiment de mélancolie extraordinaire. Le temps me causait une impression dont je n'étais pas le maître :

Nom propre

1. *Servox* : village de Servoz (Haute-Savoie).

je revins à mes anciennes idées, et je retombai dans ma douleur. Je savais combien mon père serait surpris de ce changement subit : je voulus l'éviter jusqu'à ce que je fusse assez remis pour pouvoir cacher les sentiments qui m'accablaient. Je savais aussi qu'on passerait la journée dans l'auberge ; je résolus d'aller seul sur le sommet du mont Anvert[1], sans craindre la pluie, l'humidité et le froid, que j'étais accoutumé à supporter. […]

Il était presque midi lorsque j'arrivai au sommet de la montagne. Je m'assis quelque temps sur le rocher qui domine la mer de glace. […] En face de moi, s'élevait le mont Anvert, à la distance d'une lieue, et au-dessus le mont Blanc avec une majesté terrible. Je m'arrêtai dans une crevasse du rocher, à contempler cette scène merveilleuse et effrayante. La mer, ou plutôt le vaste fleuve de glace, était renfermé dans des montagnes, dont les cimes aériennes dominaient les abîmes. Leurs pics, couverts de glace et éclatants, brillaient à la lumière du soleil parmi les nuages. Mon cœur, qui, auparavant, était plein de tristesse, éprouva alors une sorte de joie, et je m'écriai :

– Esprits errants, s'il est vrai que vous soyez errants, et que vous ne reposiez pas dans vos lits étroits, accordez-moi ce faible bonheur, ou enlevez-moi aux plaisirs de la vie pour me porter parmi vous.

À ces mots, je vis tout à coup un homme à quelque distance, qui s'avançait vers moi avec une rapidité surnaturelle. Il franchissait les crevasses de glace parmi lesquelles j'avais marché avec précaution ; il s'approcha, et me parut d'une stature qui excédait celle d'un homme. Je fus troublé : un brouillard couvrit mes yeux, et je me sentis évanouir ; mais je fus bientôt remis par le vent froid des montagnes. En portant les yeux sur l'être qui approchait de plus en plus, je reconnus – objet de haine et d'effroi – celui que j'avais créé. Je frissonnai de rage et d'horreur, décidé à attendre son approche, et à engager avec lui un combat mortel. Il approcha ; sa figure exprimait une douleur amère,

Nom propre

1. *Mont Anvert* : Montenvers, site panoramique sur la mer de Glace.

mêlée de dédain[1] et de perversité, et portait en même temps l'empreinte d'une laideur trop horrible pour être supportable aux yeux des hommes. Mais je la remarquai à peine ; la colère et la haine m'avaient d'abord privé de l'usage de la parole, et je ne la recouvrai que pour l'accabler de l'expression de ma fureur, de ma haine et de mon mépris.

– Démon, m'écriai-je, oses-tu venir près de moi ? Et ne crains-tu pas que je fasse tomber sur ta tête le poids de ma terrible vengeance ? Éloigne-toi, vil insecte, ou plutôt demeure, afin que je te réduise en poudre !... Ah ! si je pouvais, en terminant ta malheureuse existence, rendre à la vie ces victimes que tu as si méchamment immolées[2] !

– Je m'attendais à cette réception, dit le démon ; le monde hait les malheureux. Combien alors je dois être détesté, moi qui suis plus malheureux qu'aucun être vivant ! Vous aussi, mon créateur, vous me détestez, et me méprisez, moi qui vous dois l'existence, et à qui vous êtes attaché par des liens que la mort de l'un de nous pourra seule dissoudre. Vous voulez me tuer ? Comment oser vous jouer ainsi de la vie ? Faites votre devoir envers moi ; je ferai le mien envers vous et le reste de l'espèce humaine. Si vous consentez à mes conditions, je ne troublerai ni vous, ni elle ; mais si vous vous y refusez, je rassasierai la mort, jusqu'à ce qu'elle regorge du sang de vos derniers amis.

– Monstre abhorré[3] ! Démon que tu es ! Les tortures de l'enfer sont une vengeance trop douce pour tes crimes. Misérable démon ! Tu me reproches de t'avoir créé ; viens donc, que j'arrache l'existence que je t'ai si imprudemment donnée.

Ma rage était au comble : je m'élançai vers lui, poussé par tous les sentiments qui peuvent animer un homme contre l'existence d'un autre.

Vocabulaire

1. *Dédain* : mépris.

2. *Immolées* : tuées.

3. *Abhorré* : détesté.

Il m'échappa sans peine, et me dit :

– Calmez-vous ! Je vous engage à m'écouter, avant de donner cours à votre haine contre ma tête maudite. N'ai-je pas assez souffert, sans que vous cherchiez à aggraver mon malheur ! Quoique la vie ne soit qu'une accumulation de tourments, elle m'est chère, et je la défendrai. Souvenez-vous que vous m'avez fait plus puissant que vous ne l'êtes vous-même ; ma taille est supérieure à la vôtre ; mes membres sont plus souples ; mais je n'essaierai pas de lutter avec vous. Je suis votre créature ; et je veux être doux et docile envers le maître et le roi que la nature m'a donné si vous remplissez envers moi les devoirs qui vous sont confiés. Ah ! Frankenstein, ne soyez pas équitable pour les autres et assez injuste envers moi pour me fouler aux pieds, moi pour qui votre justice, votre clémence et votre affection devraient être réservées. Souvenez-vous que je suis votre créature. Je devrais être pour vous un Adam ; mais je suis plutôt l'ange déchu, que vous privez du bonheur, sans que j'aie commis aucun forfait. Partout je vois le bonheur dont je suis seul irrévocablement exclus. J'étais bienveillant et bon ; le malheur m'a rendu semblable au génie du mal. Rendez-moi heureux, et je pratiquerai encore la vertu.

– Éloigne-toi, je ne veux pas t'entendre. Il ne peut y avoir rien de commun entre toi et moi ; nous sommes ennemis. Éloigne-toi, ou essayons nos forces dans un combat, où l'un de nous devra succomber.

– Comment pourrais-je vous émouvoir ? Rien ne vous portera à jeter un regard favorable sur votre créature, qui implore votre bonté et votre compassion. Croyez-moi, Frankenstein, j'étais porté au bien ; mon âme respirait l'amour de l'humanité, mais ne suis-je pas isolé, misérablement isolé dans la nature ? Vous m'abhorrez, vous qui êtes mon créateur ; quel espoir puis-je avoir en vos semblables, qui ne me doivent rien ? Ils me méprisent et me haïssent. Les montagnes désertes et les affreux glaciers sont mon refuge. J'ai erré ici pendant plusieurs jours ; les cavernes de glace, que seul je ne crains pas, sont une demeure pour moi, et la seule que l'homme n'envie point. Je reste dans ces climats glacés, qui me sont plus favorables que l'homme. Si toute l'espèce humaine savait que j'existe, elle ferait comme vous, et s'armerait pour me détruire. Ne dois-je pas haïr, à mon tour, ceux qui m'abhorrent ? Je ne garderai aucune mesure avec mes ennemis. Je suis malheureux, et ils partageront mon malheur. Cependant, il est en votre pouvoir d'adoucir mon sort, et de le délivrer d'un démon, qui, si vous n'y prenez garde, peut devenir si terrible, que non seulement vous et votre famille mais mille autres seront enveloppés dans sa rage. Laissez-vous aller à la pitié, et ne me dédaignez pas. Écoutez mon histoire ; lorsque vous l'aurez entendue, abandonnez-moi, ou ayez pitié de moi, selon que vous m'en jugerez digne ; mais, écoutez-moi. Les criminels ont obtenu des lois humaines, toutes cruelles qu'elles soient, le droit de parler pour leur propre défense, avant d'être condamnés. Écoutez-moi, Frankenstein. Vous m'accusez d'un meurtre ; et, cependant, vous détruiriez avec joie votre propre créature. Ah ! Louez l'éternelle justice de l'homme ! Cependant, je ne vous demande pas de m'épargner : écoutez-moi ; et alors, si vous pouvez, et si vous le voulez, détruisez l'ouvrage de vos mains.

– Pourquoi me rappelles-tu des circonstances dont la pensée me fait frissonner, et que j'ai créées moi-même pour mon malheur ? Maudit soit le jour, démon exécrable, où tu vis, pour la première fois, la lumière ! Maudites soient les mains qui t'ont formé ! Malédiction sur moi-même ! Tu m'as rendu malheureux au-dessus de toute expression. Tu ne m'as pas laissé la force de voir si je suis juste ou injuste envers toi. Éloigne-toi ! délivre-moi de la vue de ta forme détestée.

– Je puis vous en délivrer, mon créateur, dit-il, en plaçant, devant mes yeux, ses mains que je repoussai avec violence ; ainsi, j'ôte à votre vue ce que vous abhorrez. Vous pouvez encore m'écouter, et m'accorder votre pitié ; je vous la demande, au nom des vertus que j'ai possédées autrefois. Écoutez mon histoire ; elle est longue et étrange ; et la température de ce lieu n'est pas bonne pour vos sensations délicates ; venez dans ma cabane sur la montagne. Le soleil est encore élevé dans les cieux ; avant qu'il descende pour se cacher derrière ces précipices couverts de neige et éclairer un autre monde, vous aurez entendu mon histoire, et vous pourrez vous décider. Il dépend de vous que je quitte à jamais le voisinage de l'homme, et que je mène une vie innocente, ou que je devienne le fléau de vos semblables, et l'auteur de votre prompte ruine.

À ces mots, il marcha à travers la glace ; je le suivis. Mon cœur était gonflé, et je ne lui répondis pas ; mais en avançant, je pesai les différents motifs dont il s'était servi, et me déterminai du moins à écouter son récit. Cette résolution, dans laquelle la curiosité entrait pour beaucoup, fut confirmée par un sentiment de compassion. Jusqu'à présent, j'avais cru qu'il était le meurtrier de mon frère : je voulus connaître si cette conviction était à tort ou à raison. Pour la première fois, aussi, je sentis quels étaient les devoirs d'un créateur envers celui qu'il a formé ; je compris que je devais le rendre heureux, avant de me plaindre de sa méchanceté : ces motifs m'engagèrent à consentir à sa demande. Nous nous mîmes donc à traverser la glace, et à gravir le rocher opposé. L'air était froid ; la pluie recommençait à tomber : nous entrâmes dans la cabane ; le démon avec un air d'allégresse, moi le cœur oppressé et l'esprit abattu. J'avais consenti à l'écouter ; je m'assis auprès du feu qu'avait allumé mon odieux compagnon : il commença ainsi son histoire.

Chapitre XI

« J'ai beaucoup de peine à me rappeler les premiers moments de mon existence ; tous les événements de cette époque ne se retracent à ma mémoire qu'avec confusion et en désordre. Une étrange multiplicité de sensations me saisit ; je vis, je touchai, j'entendis et je sentis à la fois ; mais ce ne fut que longtemps après que j'appris à distinguer les opérations de mes divers sens. [...] Avant de quitter votre appartement, j'avais ressenti le froid, et je m'étais couvert de quelques hardes[1] ; mais elles ne pouvaient suffire pour me protéger contre les rosées de la nuit. J'étais un malheureux sans appui, et digne de pitié ; je ne connaissais rien et ne pouvais rien distinguer ; mais, dominé par le chagrin qui me gagnait de toutes les manières, je m'assis et pleurai.

[...]

« Les jours et les nuits s'étaient déjà succédé plusieurs fois, et l'astre de la nuit était considérablement diminué, lorsque je commençai à démêler mes sensations les unes des autres. [...]

« Un jour que j'étais transi de froid, je trouvai un feu qui avait été laissé par quelques mendiants vagabonds, et dont la chaleur me réchauffa agréablement. Dans ma joie, je mis la main sur les braises ardentes, mais je la retirai sur-le-champ en laissant échapper un cri de douleur. Combien il me sembla étrange que la même cause produisit des effets si opposés ! [...]

« Cependant, la nourriture devint rare, au point que je passais souvent la journée entière à chercher vainement quelques glands pour assouvir ma faim. Frappé de cette observation, je résolus de quitter le lieu que j'avais habité pour en chercher un où je pourrais plus facilement satisfaire le petit nombre de besoins que j'éprouvais. Dans cette émigration, je m'affligeai profondément de la perte du feu que le hasard m'avait présenté, et que je ne savais comment rallumer.

« [...] pendant plusieurs heures, je poursuivis ma route à travers champs, jusqu'à un village où je parvins au coucher du soleil : je fus émerveillé. Des cabanes, d'agréables chaumières[2] et d'élégantes maisons appelaient tour à tour mon admiration. Les végétaux dans les

Vocabulaire

1. *Hardes* : vêtements usagés.

2. *Chaumières* : petites maisons couvertes de toits en paille.

jardins, le lait et le fromage sur les fenêtres de quelques chaumières, excitaient mon appétit. J'entrai dans l'une des plus apparentes ; mais j'avais à peine franchi le seuil de la porte, que les enfants jetèrent des cris, et qu'une des femmes s'évanouit. Tout le village fut en l'air ; les uns se mirent à fuir, les autres à m'attaquer, au point que, fortement meurtri par les pierres et autres projectiles qu'on me lançait, je m'échappai dans la campagne, et me réfugiai, rempli d'effroi, dans une petite cabane abandonnée, et qui me paraissait bien chétive[1] auprès des palais que j'avais vus dans le village. Cette cabane, cependant, était contiguë[2] à une chaumière d'une apparence agréable ; mais, après l'expérience que je venais de faire, et qui m'avait coûté si cher, je n'osai pas y rentrer. Le lieu qui me servait d'asile était construit en bois ; mais il était si bas, que je ne pouvais m'y tenir debout qu'avec peine. Le sol n'était pas recouvert d'un plancher, mais il était très sec. J'avais l'avantage de pouvoir me garantir dans cette enceinte de la neige et de la pluie, malgré le vent qui y pénétrait par d'innombrables fentes.

« Dans cette retraite, je m'étendis à terre, heureux de l'avoir trouvée, quelque mauvaise qu'elle fût, contre l'intempérie de la saison, et encore plus contre la barbarie des hommes.

[...]

« Avec ces précautions, je résolus de résider dans cette cabane, jusqu'à ce qu'une nouvelle circonstance me détournât de cette résolution. C'était vraiment un paradis, en comparaison de la sombre forêt, ma première résidence, des branches à travers lesquelles je recevais la pluie, et de la terre toujours humide. Je déjeunai avec plaisir : après ce repas, j'allais enlever une planche pour puiser un peu d'eau, lorsque j'entendis un pas. Je mis l'œil à une petite fente, et je vis une jeune personne, un seau sur la tête, passer devant ma

---

Vocabulaire

1. *Chétive* : fragile.
2. *Contiguë* : accolée.

cabane. Elle était jeune et gentille, différente de ce que m'ont paru depuis les villageoises et les servantes de ferme. Son vêtement était simple, et se composait d'un jupon bleu et grossier, et d'une jaquette[1] de toile ; sa belle chevelure était tressée, mais sans ornement ; son visage avait l'expression de la souffrance et de la tristesse. Elle disparut ; mais elle revint bientôt, portant le seau qui était alors presque rempli de lait. Au moment où elle passa, elle parut incommodée du fardeau. Un jeune homme, dont la figure exprimait le plus profond désespoir, vint au-devant d'elle, prononça quelques mots avec un air de mélancolie, prit le seau sur la tête de la jeune fille, et le porta lui-même dans la chaumière. Elle le suivit, et ils disparurent. Peu après, je vis le jeune homme, quelques outils à la main, traverser le champ derrière la chaumière. La jeune fille avait d'autres soins, tantôt dans la maison, tantôt dans la basse-cour.

« En examinant mon habitation, je reconnus qu'une des fenêtres de la chaumière en avait d'abord occupé une partie, mais les panneaux avaient été fermés avec du bois. Il y avait cependant dans un de ces panneaux, une petite fente presque imperceptible, et par laquelle l'œil pouvait à peine pénétrer. À travers cette fente, on distinguait une petite chambre très propre et très soignée, mais peu meublée. Dans un coin, auprès d'un petit feu, était assis un vieillard, la tête appuyée sur les mains, dans l'attitude de la douleur. La jeune fille était occupée à arranger la chaumière ; elle prit dans un tiroir un objet qui exigea le mouvement de ses mains, et s'assit auprès du vieillard. Celui-ci tenait un instrument, et en tira bientôt des sons plus doux que le chant de la grive ou du rossignol. Ce tableau était agréable, même pour moi, pauvre malheureux, qui n'avais jamais auparavant rien vu de beau. Les cheveux blancs et la physionomie bienveillante du vieillard commandaient le respect, en même temps que les manières douces de la jeune fille inspiraient l'amour.

Vocabulaire

1. *Jaquette* : veste.

Il joua un air doux et triste, et je vis des larmes couler des yeux de son aimable compagne, tandis que le vieillard n'y prit garde que lorsqu'elle poussa des sanglots. Il prononça quelques mots auxquels la belle créature ne répondit qu'en laissant l'ouvrage, et en tombant à ses pieds. Il la releva, et sourit avec tant de bonté et d'affection que j'éprouvai des sensations d'une nature particulière et accablante : c'était un mélange de peine et de plaisir, tel que je n'en avais encore jamais éprouvé, soit par la faim ou le froid, soit par la chaleur ou le plaisir de manger. J'étais incapable de soutenir ces émotions : je quittai la fenêtre.

[…]

Chapitre XII

« Je m'étendis sur la paille sans pouvoir dormir. Je pensais à tout ce dont j'avais été témoin pendant le jour. J'étais surtout frappé des manières douces de ces gens ; et je désirais aller les trouver, mais je n'osais m'y résoudre. Je me souvenais trop bien du traitement que j'avais éprouvé le soir précédent de la part des barbares villageois, et je me déterminai, quelle que fût la conduite que je dusse tenir par la suite, à rester tranquille dans ma cabane, à observer, et à essayer de découvrir les motifs qui dirigeaient leurs actions.

[…]

« Il se passa beaucoup de temps avant que je découvrisse l'unique cause de l'inquiétude de cette aimable famille ; c'était la pauvreté dont ils avaient à supporter toute l'horreur. Ils n'avaient d'autre nourriture que les végétaux de leur jardin, et le lait d'une vache, qui en avait fort peu pendant l'hiver, et que ses maîtres pouvaient à peine soutenir. Il leur est arrivé souvent, je crois, de souffrir des atteintes poignantes de la faim, surtout aux deux plus jeunes habitants de la chaumière, qui, plusieurs fois, plaçaient à manger devant le vieillard, sans se rien réserver.

« Ce trait de bonté me toucha sensiblement. J'avais l'habitude, pendant la nuit, de dérober une partie de leurs provisions pour ma propre consommation ; mais, touché de la peine que je faisais à ces excellentes gens, je cessai, et me nourris de graines, de noix, et de racines, que je cueillais dans un bois voisin.

« Je découvris aussi d'autres moyens de les aider dans leurs travaux. Je vis que le jeune homme passait une grande partie de ses journées à ramasser du bois pour le feu de la famille ; pendant la nuit je prenais souvent ses outils, dont je connus bientôt l'usage, et je rapportais assez de bois pour la consommation de plusieurs jours.

« Je me souviens qu'à la première fois, la jeune femme, en ouvrant la porte le matin, parut très étonnée de voir une grande pile de bois. Elle dit quelques mots à haute voix, et le jeune homme accourut, en exprimant aussi sa surprise. Je remarquai, avec plaisir, qu'il n'alla pas à la forêt ce jour-là, mais qu'il le passa à réparer la chaumière et à cultiver le jardin.

« Peu à peu, je fis une découverte d'un intérêt encore plus grand. Je vis que ces personnes avaient une manière de se communiquer leurs idées et leurs sentiments par des sons articulés. Je m'aperçus que leurs paroles étaient suivies du plaisir ou de la peine, du sourire ou de la tristesse, tantôt dans l'esprit, tantôt sur la physionomie de ceux qui les entendaient. Je les croyais doués d'une science divine, je désirais ardemment l'apprendre ; mais j'étais déconcerté à chaque essai que je tentai. Leur prononciation était vive, et les mots dont ils se servaient n'ayant aucune concordance apparente avec les objets visibles, je ne pouvais trouver aucun moyen d'éclaircir le mystère de leur rapport. Cependant, à force de persévérance, et après avoir vu dans ma cabane plusieurs phases de la lune, je découvris les noms qui convenaient à quelques-uns des objets les plus familiers du discours : j'appris et appliquai les mots *feu*, *lait*, *pain* et *bois*.

J'appris aussi les noms des habitants de la cabane eux-mêmes. Le jeune homme et sa compagne avaient chacun plusieurs noms ; mais le vieillard n'avait que celui de *père*. La jeune fille s'appelait *sœur* ou *Agathe*, et le jeune homme *Félix*, *frère* ou *fils*. Je ne saurais décrire le plaisir que j'éprouvai en connaissant les idées appropriées à chacun de ces sons, et en parvenant à les prononcer. Je distinguai plusieurs autres mots, sans pouvoir les comprendre ou les appliquer, tels que *bon*, *très cher*, *malheureux*.

« Je passai l'hiver ainsi. [...]

« J'avais admiré les formes accomplies de mes voisins, leur grâce, leur beauté, et leur teint délicat ; mais combien je fus effrayé quand je me vis dans une eau transparente ! Je reculai d'abord, me refusant à croire que je me fusse réfléchi dans ce miroir ; convaincu enfin que j'étais en réalité le monstre qui est devant vous, je fus pénétré du plus profond désespoir et de la mortification[1] la plus cruelle. Hélas ! Je ne connaissais pas encore les funestes effets de cette difformité !

[...]

Chapitre XIII

« J'arrive maintenant à la partie la plus intéressante de mon histoire. Je rapporterai les événements qui ont bouleversé tous mes sentiments, et m'ont fait tel que je suis aujourd'hui.

« Le printemps s'avançait rapidement ; le temps devint beau, et le ciel sans nuages. J'étais surpris que la terre, auparavant déserte et triste, fût alors brillante de verdure et des fleurs les plus belles. Mes sens étaient charmés et rafraîchis par une infinité d'odeurs délicieuses et de vues magnifiques.

Vocabulaire

1. *Mortification* : peine douloureuse.

« Un jour, c'était celui consacré périodiquement au repos par mes voisins, le vieillard jouait de la guitare et ses enfants l'écoutaient. Je remarquai sur la figure de Félix une expression de mélancolie inconcevable ; il soupirait fréquemment. Le père suspendit sa musique, et, à son air, je jugeai qu'il demandait à son fils la cause de son chagrin ; Félix répondit gaiement au vieillard qui allait reprendre son instrument, lorsqu'on entendit frapper à la porte.

« C'était une dame à cheval, suivie d'un paysan pour guide. Elle était vêtue de noir et couverte d'un voile épais de la même couleur. Agathe fit une question à laquelle l'étrangère ne répondit qu'en prononçant d'une voix douce le nom de Félix. Sa voix était harmonieuse, mais différente de celle de mes amis. À son nom, Félix accourut promptement[1] vers la dame, qui, en le voyant, releva son voile, et me laissa voir une figure d'une beauté et d'une expression angéliques[2]. Ses cheveux étaient d'un noir brillant et tressés avec soin ; ses yeux noirs, mais pleins de douceur et de feu ; ses traits d'une proportion régulière ; son teint admirable, et ses joues embellies par les grâces.

« Félix parut transporté de plaisir en la voyant ; son visage, d'où le chagrin fut banni, exprima sur-le-champ une joie vive, et dont je l'aurais à peine cru capable ; ses yeux étincelaient ; ses joues étaient animées par le plaisir ; et, dans ce moment, il me parut aussi beau que l'étrangère. Elle semblait livrée à divers sentiments : elle versait des larmes, et en même temps elle tendait la main à Félix, qui la baisait avec ravissement, et l'appelait, autant que je pus le distinguer, sa chère Arabe. Elle ne paraissait pas le comprendre, mais elle souriait. Il l'aida à descendre de cheval, renvoya son guide, et la conduisit dans la chaumière. Une conversation eut lieu entre lui et son père. La jeune étrangère se jeta aux pieds du vieillard, et voulut baiser sa main ; mais il la releva et l'embrassa avec affection.

Vocabulaire

1. *Promptement* : rapidement.
2. *Angéliques* : très douces.

« Je vis bientôt que l'étrangère prononçait des sons articulés et faisait usage d'un langage particulier ; mais qu'elle n'était pas plus comprise par les habitants de la chaumière qu'elle ne les comprenait elle-même. Ils faisaient beaucoup de signes que je ne savais pas interpréter ; mais je m'aperçus que sa présence répandait la gaieté dans la chaumière, et dissipait leur chagrin comme le soleil dissipe le brouillard du matin. Félix paraissait surtout heureux, et accueillait son Arabe avec le sourire du bonheur. Agathe, la sensible Agathe, baisait les mains de l'aimable étrangère ; lui montrait son frère, et semblait lui expliquer, par des signes, qu'il avait été triste jusqu'au moment de son arrivée. Quelques heures se passèrent ainsi à des démonstrations de joie dont je ne comprenais pas la cause. Je ne tardai pas à voir, au retour fréquent d'un son que l'étrangère répétait après eux, qu'elle cherchait à apprendre leur langue, et je pensai aussitôt à profiter des mêmes instructions pour le même but. L'étrangère apprit dans la première leçon à peu près vingt mots dont je connaissais déjà la plupart ; mais je retins les autres.

« À la nuit, Agathe et l'Arabe se retirèrent de bonne heure. En se séparant de l'étrangère, Félix lui baisa la main, et lui dit :

« – Bonsoir, chère Safie.

« Il resta beaucoup plus longtemps que de coutume à s'entretenir avec son père. Je jugeai que leur aimable hôte, dont le nom était sans cesse prononcé, était le sujet de leur conversation. Je désirais ardemment les comprendre, j'y employais toutes mes facultés ; mais je me consumai en vains efforts.

[...]

« Les jours se passèrent ensuite aussi tranquillement qu'avant l'arrivée de l'étrangère ; seulement depuis ce moment, la joie avait remplacé la tristesse sur le visage de mes amis. Safie était toujours gaie et heureuse ; elle et moi nous fîmes de rapides progrès dans la connaissance de la langue, de sorte qu'en deux mois je commençais à comprendre la plupart des mots prononcés par mes protecteurs.

« Pendant ce temps, la terre s'était couverte d'herbage, et les collines verdoyantes étaient parsemées de fleurs innombrables, d'une odeur et d'une vue agréables ; les étoiles pâlissaient au milieu des bois devant la clarté de la lune ; le soleil devint plus chaud, les nuits claires et embaumées. Mes sorties nocturnes étaient pour moi délicieuses, mais elles étaient devenues beaucoup plus courtes, depuis qu'il n'y avait plus qu'un faible intervalle entre le coucher et le lever du soleil ; car je ne sortais jamais pendant le jour, dans la crainte d'éprouver le traitement dont j'avais souffert précédemment, dans le premier village où j'étais entré.

« Mes journées se passaient dans une attention continuelle, afin de savoir plus promptement parler : je puis aussi dire avec quelque orgueil que mes progrès furent plus rapides que ceux de l'Arabe, qui comprenait fort peu et parlait difficilement, tandis que je comprenais et pouvais répéter presque tous les mots que j'entendais.

[...]

« Chaque conversation des habitants de la chaumière me présentait alors de nouveaux prodiges[1]. Les leçons que Félix donnait à l'Arabe, et auxquelles je prêtais toute mon attention, m'expliquèrent l'étrange système de la société humaine. J'entendais parler de la division des propriétés, de richesses immenses et de pauvreté excessive, de rang, de naissance et de noblesse.

« Les mots donnaient lieu aux réflexions. J'appris que les biens les plus estimés par vos semblables étaient une naissance illustre et pure avec la richesse. Un seul de ces biens suffisait pour qu'un homme fût respecté ; mais sans l'un ni l'autre, il était regardé, sauf un petit nombre d'exceptions, comme un vagabond et un esclave, fait pour consumer ses forces au profit d'un petit nombre d'élus. Et qu'étais-je, moi ? Je ne connaissais nullement mon origine, ni mon créateur ; mais je savais que je n'avais ni argent, ni amis, ni aucune propriété.

Vocabulaire

1. *Prodiges* : miracles.

J'avais d'ailleurs une figure d'une difformité hideuse[1] et repoussante ; je n'étais même pas de la même nature que l'homme. J'étais plus agile que lui, et je pouvais subsister d'une nourriture plus grossière ; je supportais l'excès de la chaleur et du froid, sans ressentir aucun mal ; j'étais enfin d'une taille beaucoup plus élevée que celle des hommes. En regardant autour de moi, je ne voyais et n'entendais personne qui me ressemblât. En ces moments, je me demandais si j'étais un monstre, une difformité que tout le monde fuyait et désavouait.

« [...] Je ne saurais décrire la douleur dans laquelle ces réflexions me jetèrent ; j'essayais de les éloigner, mais le chagrin s'augmentait sans cesse avec l'instruction. Ah ! Que n'étais-je toujours resté dans le bois où j'avais pris naissance, sans connaître ni éprouver d'autres sensations que celles de la faim, de la soif et de la chaleur !

« Revenons maintenant aux habitants de la chaumière, dont l'histoire excitait en moi tour à tour des sentiments d'indignation, de plaisir et d'étonnement, mais qui ne faisaient qu'ajouter à l'amour et au respect que j'avais pour mes protecteurs ; car j'aimais à les appeler ainsi par une illusion innocente et presque pénible.

Chapitre XIV

« J'appris par la suite l'histoire de mes amis. Elle se grava profondément dans mon esprit ; car elle se composait d'une foule de circonstances fort intéressantes et merveilleuses pour un être aussi inexpérimenté que moi.

« Le vieillard se nommait de Lacey. Il était descendu d'une bonne famille de France, où il avait longtemps vécu dans l'abondance, respecté de ses supérieurs et chéri de ses égaux. Son fils avait été au service de son pays, et Agathe avait eu rang parmi les dames de la

Vocabulaire

1. *Hideuse* : monstrueuse.

plus grande distinction. Peu de mois avant mon arrivée, ils avaient vécu dans une grande et riche cité, dont le nom est Paris, entourés d'amis, et jouissant de tous les agréments que procurent la vertu, le bon goût, ou un esprit cultivé.

« Le père de Safie avait été la cause de leur ruine. C'était un marchand turc, qui avait habité Paris pendant plusieurs années ; mais qui, pour des raisons que je ne pus apprendre, devint suspect au gouvernement. Saisi et jeté en prison le jour même où Safie arriva de Constantinople pour le rejoindre, il fut jugé et condamné à mort. L'injustice de cette sentence était criante ; elle indigna tout Paris, dont l'opinion générale fut que la condamnation avait pour motif, moins le crime imputé au Turc que sa religion et ses richesses.

« Félix avait assisté au jugement ; en entendant la décision de la cour, il ne mit aucune borne à son horreur et à son indignation. Il fit, dès ce moment, le vœu solennel de le sauver, et il chercha alors les moyens de réussir dans cette entreprise. Après beaucoup d'efforts infructueux pour pénétrer dans la prison, il découvrit, dans une partie du bâtiment, une fenêtre fortement grillée, qui n'était pas gardée, et qui éclairait le donjon où l'infortuné mahométan[1], chargé de chaînes, attendait, dans le désespoir, l'exécution de l'affreuse sentence. Félix visita la grille pendant la nuit, et fit connaître au prisonnier les intentions dont il était animé.

« Le Turc, étonné et ravi, tâcha d'exciter le zèle de son libérateur, en lui promettant des récompenses et des richesses. Félix rejeta ses offres avec mépris ; cependant, en voyant l'aimable Safie, qui avait la permission de visiter son père, et qui, par ses gestes, exprimait sa vive reconnaissance, le jeune homme s'avoua que le captif possédait un trésor qui serait le prix le plus beau de ses peines et de ses dangers.

« Le Turc s'aperçut promptement de l'impression que sa fille avait faite sur le cœur de Félix, et tâcha de le mettre encore plus dans

Vocabulaire

1. *Mahométan* : musulman.

ses intérêts en promettant de la lui donner en mariage dès qu'il serait parvenu en lieu de sûreté. Félix était trop délicat pour accepter cette offre ; cependant il regarda la chance de cet événement comme l'accomplissement de son bonheur.

[...]

« Le jour fut fixé pour l'exécution du Turc ; mais, pendant la nuit qui devait la précéder, il avait quitté sa prison, et, avant que le jour ne parût, il était éloigné de plusieurs lieues de Paris. Félix avait obtenu des passeports en son nom, de même qu'aux noms de son père et de sa sœur. Avant de rien entreprendre, il avait communiqué son plan à son père, qui rendit facile le succès de la ruse en quittant sa maison, sous le prétexte d'un voyage, et en se cachant avec sa fille dans l'un des quartiers obscurs de Paris.

« Félix prit la route de Lyon avec les fugitifs, et les conduisit par le mont Cenis à Leghorn[1], où le marchand se décida à attendre une occasion favorable pour passer en quelque partie de la Turquie.

« Safie résolut de rester avec son père jusqu'au moment de son départ. Le Turc, de son côté, n'attendit pas ce moment, pour renouveler la promesse d'unir sa fille à son libérateur : Félix ne les abandonna pas ; et, en attendant cet événement, il jouissait de la société de l'Arabe, qui lui montrait la plus simple et la plus tendre affection. Safie lui chantait aussi les airs délicieux de son pays natal ; et il s'entretenait avec elle à l'aide d'un interprète, ou de regards expressifs.

« Le Turc permettait cette intimité, et encourageait les espérances des jeunes amants, tandis que dans son cœur il avait formé des plans tout opposés. Il ne pouvait supporter l'idée que sa fille fût unie à un chrétien ; mais il craignait le ressentiment de Félix en montrant du refroidissement, et il savait qu'il était encore au pouvoir de son libérateur, s'il voulait le livrer au gouvernement Italien, sur lequel ils s'étaient réfugiés. Il conçut mille plans pour prolonger la ruse jusqu'à

Nom propre

1. *Leghorn* : déformation anglaise du nom de la ville italienne de Livourne.

ce qu'elle ne fût plus nécessaire, et pour emmener secrètement sa fille avec lui. [...]

« Ils trouvèrent en Allemagne un misérable asile dans la chaumière où je les découvris. Félix ne tarda pas à connaître la perfidie[1] du Turc, pour qui lui et sa famille souffraient une oppression inouïe. Ce Turc, en apprenant que son libérateur avait perdu toute fortune et tout crédit, était devenu traître à sa conscience et à l'honneur, et avait quitté l'Italie avec sa fille, en envoyant insolemment à Félix une petite somme d'argent, pour qu'il pût, disait-il, se faire un sort.

« Tels étaient les motifs qui affligeaient le cœur du jeune homme, et le rendaient, lorsque je le vis d'abord, le plus à plaindre de la famille. Il aurait pu supporter la pauvreté, et s'en glorifier même, puisqu'elle avait été la récompense de sa vertu ; mais l'ingratitude du Turc et la perte de sa bien-aimée Safie étaient des malheurs plus amers et plus irréparables. Cependant, dès que la jeune Arabe arriva, il se sentit ranimé par une nouvelle vie.

[...]

Chapitre XV

[...]

« L'hiver approchait, et une révolution complète des saisons avait eu lieu depuis que j'étais animé par la vie. Mon attention, à cette époque, fut tournée entièrement vers le plan que je m'étais formé, et qui était de m'introduire dans la chaumière de mes protecteurs. Je conçus une foule de projets ; mais celui auquel je m'arrêtai fut d'entrer dans leur habitation au moment où le vieillard aveugle serait

Vocabulaire

1. *Perfidie* : déloyauté, trahison.

seul. J'avais assez de sagacité pour deviner que ma laideur hideuse et surnaturelle était le principal objet d'horreur pour ceux qui m'avaient vu précédemment. Ma voix, quoique dure, n'avait rien de terrible ; je pensai donc que si, pendant l'absence de ses enfants, je pouvais obtenir la bienveillance et la médiation du vieux de Lacey, je parviendrais, grâce à lui, à être toléré par mes plus jeunes protecteurs.

« Un jour, le soleil brillait sur les feuilles rougeâtres dont la terre était jonchée, et inspirait la gaieté, sans répandre la chaleur ; Safie, Agathe et Félix partirent pour faire une longue promenade dans la campagne, et le vieillard, qui avait exprimé le désir de ne pas les accompagner, resta seul dans la chaumière. [...]

« Mon cœur palpitait avec force ; c'était l'heure, le moment de l'épreuve qui devait confirmer mes espérances ou réaliser mes craintes. [...]

« Je frappai.

« – Qui est là ? dit le vieillard. Entrez.

« – Excusez-moi, lui dis-je, je suis un voyageur qui a besoin d'un peu de repos, et que vous obligeriez beaucoup si vous vouliez permettre qu'il restât quelques minutes devant le feu.

« – Entrez, dit de Lacey, et je chercherai à vous soulager, mais, malheureusement, mes enfants sont sortis ; car je suis aveugle, et je crains qu'il ne me soit difficile de vous offrir quelque nourriture.

« – N'en soyez pas en peine, mon généreux hôte, je n'en ai pas besoin ; je ne réclame qu'un peu de chaleur et de repos.

Je m'assis, et il y eut un moment de silence. Je savais que chaque minute m'était précieuse ; cependant j'étais indécis sur la manière dont je commencerais l'entretien, mais le vieillard me tira d'embarras en disant :

« – Étranger, je suppose, à votre langage, que vous êtes mon compatriote ; êtes-vous français ?

« – Non ; j'ai été élevé par une famille française, et je ne comprends que la langue de ce pays. Je vais, en ce moment, réclamer la protection de quelques amis que j'aime sincèrement, et dont j'espère obtenir l'amitié.

« – Sont-ils allemands ?

« – Non, ils sont français. Mais changeons de conversation. Je suis une créature malheureuse et abandonnée ; je regarde autour de moi, et je n'ai ni parent, ni ami sur la terre. Ces aimables gens que je vais trouver ne m'ont jamais vu, et ne me connaissent que sous bien peu de rapports. Je suis rempli de crainte ; car, si je ne réussis pas auprès d'eux, je dois m'attendre à être un rebut[1] pour le reste des hommes.

« – Ne désespérez pas. Vivre sans amis, c'est assurément vivre malheureux ; mais le cœur de l'homme qui est dégagé de tout intérêt particulier ne renferme qu'amour fraternel et charité. Ayez donc confiance ; et, si ces amis sont bons et aimables, ne perdez pas courage.

« – Ils sont bons, il n'en est pas qui soient meilleurs ; mais, malheureusement, ils sont prévenus contre moi. J'ai un bon naturel ; jusqu'ici ma vie a été innocente, et quelquefois bienfaisante ; mais les personnes dont je vous parle sont aveuglées par un préjugé fatal et, au lieu de voir en moi un ami bon et sensible, elles ne voient qu'un monstre détestable.

« – C'est un malheur, j'en conviens ; mais, si vous n'avez aucun tort, ne pouvez-vous pas les détromper ?

« – Je vais l'essayer ; et c'est cette tentative même qui m'accable de tant de terreur. J'aime tendrement ces amis ; sans être connu d'eux, j'ai pu pendant plusieurs mois connaître les attentions journalières qu'ils se prodiguent mutuellement ; mais ils croient que je veux leur nuire, et c'est ce préjugé que je désire détruire.

« – Où demeurent ces amis ?

« – Près d'ici.

« Le vieillard garda le silence un moment et dit :

Vocabulaire

1. *Rebut* : objet sans valeur.

« – Si vous voulez me confier sans réserve les détails de votre histoire, je vous serai peut-être utile pour les détromper. Je suis aveugle, et ne puis vous juger sur votre figure ; mais il y a dans vos paroles un accent qui me garantit votre sincérité. Je suis pauvre et exilé, mais ce sera un véritable plaisir pour moi de pouvoir, en quelque manière, rendre service à une créature humaine.

« – Homme excellent ! Je vous remercie, et j'accepte votre offre généreuse. Votre bonté me rassure ; votre secours me permet d'espérer que je ne serai pas chassé de la société de vos semblables, ni privé de leur intérêt.

« – Dieu vous en préserve, quand bien même vous seriez criminel ; car ce malheur seul pourrait vous conduire au désespoir, et vous éloigner de la vertu. Moi aussi je suis malheureux, ma famille a été condamnée et elle était innocente : jugez donc si je ne sens pas vos infortunes.

« – Comment pourrai-je vous remercier, mon excellent et unique bienfaiteur ? Vous êtes le premier homme qui m'ait fait entendre des paroles bienveillantes ; j'en serai toujours reconnaissant. Votre humanité me garantit tout succès près des amis que je suis sur le point de voir.

« – Puis-je connaître le nom et la demeure de ces amis ?

« Je me tus. C'était le moment décisif, où j'allais perdre ou obtenir à jamais le bonheur. Je m'efforçai de recueillir assez de fermeté pour lui répondre, mais cet effort épuisa toute la force qui me restait. Je tombai sur la chaise en sanglotant. Dans ce moment j'entendis les pas de mes protecteurs. Je n'avais pas un moment à perdre ; je m'emparai de la main du vieillard, et je m'écriai :

« – Voici le moment !... Sauvez et protégez-moi ! Vous et votre famille, vous êtes les amis que je cherche. Ne m'abandonnez pas au moment de l'épreuve.

« – Grand Dieu ! s'écria le vieillard, qui êtes-vous ?

« Au même instant, la porte de la chaumière s'ouvrit ; Félix, Safie et Agathe entrèrent. Qui pourrait décrire l'horreur et la consternation dont ils furent saisis en me voyant ? Agathe s'évanouit ; et Safie, incapable de donner des soins à son amie, s'élança hors de la chaumière. Félix s'avança et avec une force surnaturelle m'arracha de son père aux genoux duquel je m'attachais ; dans un transport de fureur, il me renversa par terre, et me frappa avec violence d'un bâton. J'aurais pu séparer ses membres, aussi facilement que le lion déchire la gazelle ; mais j'avais le cœur oppressé par la plus amère douleur, et je me retins. Il se disposait à me frapper de nouveau ; mais vaincu par la douleur et le désespoir, je quittai la chaumière ; et, sans être aperçu, je parvins, au milieu du tumulte général, à m'échapper jusque dans ma cabane.

Chapitre XVI

« Maudit, maudit créateur ! Pourquoi vivais-je ? Pourquoi, dans cet instant, n'ai-je pas éteint l'étincelle d'existence que vous m'aviez si imprudemment donnée ? Je ne sais ; le désespoir ne s'était pas encore emparé de moi ; mes sentiments étaient ceux de la rage et de la vengeance. J'aurais eu du plaisir à détruire la chaumière et ses habitants, et je me serais rassasié de leurs cris et de leur malheur.

« Dès que la nuit fut arrivée, je quittai ma retraite, et je me mis à errer dans le bois ; là, cessant d'être retenu par la crainte d'être découvert, je donnai cours à mes tourments par des hurlements horribles. Semblable à une bête féroce qui a rompu ses liens, je détruisais les objets qui faisaient obstacle à mon passage, et je traversais les bois avec la rapidité du cerf. Ah ! Que cette nuit fut affreuse pour moi ! Les froides étoiles brillaient dans les cieux, et semblaient insulter à mon malheur ; les arbres dépouillés agitaient leurs branches au-dessus de ma tête ; de temps en temps, la douce voix d'un oiseau se faisait entendre au milieu du silence universel : tout, excepté moi, jouissait du repos ou du bonheur. Semblable au chef des démons, je portais l'enfer en moi-même ; sans avoir son génie, je voulais déraciner les arbres, répandre le ravage et la destruction autour de moi ; et, après avoir assouvi ma fureur, m'asseoir sur les ruines, et en jouir.

« Je ne pus supporter ce dérèglement de sensations ; je me sentis accablé par l'excès de l'exercice auquel je m'étais livré, et je tombai sur la terre humide dans la faible impuissance du désespoir. Parmi les hommes, nul n'avait pitié de moi, nul ne me prêtait assistance : devais-je amitié à mes ennemis ? Non. De ce moment, je déclarai une guerre éternelle à l'espèce humaine, et surtout à celui qui, en me créant, me réduisait à ce malheur insupportable.

« [...] Je résolus de fuir loin du théâtre de mes malheurs ; mais pour moi, haï et méprisé, tous les pays étaient également horribles. Enfin, je pensai à vous. J'appris par vos papiers que vous étiez mon père, mon créateur : à qui pouvais-je mieux m'adresser qu'à celui qui m'avait donné la vie ? Félix, qui avait appris beaucoup de choses à Safie, n'avait pas oublié de lui faire connaître la géographie : de cette manière j'avais appris les situations respectives des différentes contrées de la terre. Vous aviez indiqué que Genève était votre patrie ; je résolus de porter mes pas vers cette ville.

« Comment faire pour m'orienter ? Je savais qu'il fallait voyager dans une direction sud-ouest, pour arriver à ma destination ; mais je n'avais d'autre guide que le soleil. Je ne connaissais pas les noms des villes que j'avais à traverser, et je ne pouvais demander des renseignements à aucun être humain. Malgré ces difficultés, je ne perdis pas tout espoir. Je ne pouvais attendre de secours que de vous, de vous qui ne m'inspiriez d'autre sentiment que celui de la haine. Créateur insensible et lâche ! Tu m'avais doué de sens et de passions, et tu m'avais jeté dans le monde comme un objet de mépris et d'horreur pour l'espèce humaine ! Il n'y avait que vous à la pitié et à la justice duquel je pusse prétendre, et je me déterminai à réclamer de vous cette justice que j'essayerais en vain d'obtenir de tout autre être humain.

« Mes voyages furent longs, et mes souffrances cruelles. L'automne était avancé lorsque je quittai le lieu qui m'avait si longtemps servi de résidence. Je ne voyageais que de nuit, dans la crainte de rencontrer l'homme. […]

« J'étais arrivé sur les confins du Switzerland[1] : le soleil avait déjà plus de chaleur, et la terre commençait à se couvrir d'une nouvelle verdure.

« J'approchais cependant du terme de mon voyage ; deux mois après, j'arrivai dans les environs de Genève.

« C'était le soir. Je me cachai dans les champs qui entourent cette ville pour songer de quelle manière je m'adresserais à vous. J'étais accablé par la fatigue et la faim, et beaucoup trop malheureux pour jouir des douces brises du soir, ou de la vue du soleil qui se couchait derrière les imposantes montagnes du Jura.

« Un léger sommeil m'arracha en ce moment à mes tristes réflexions ; mais il fut bientôt troublé par l'approche d'un bel enfant, qui vint, en courant, et avec toute la gaieté de son âge, dans la retraite où je m'étais placé. Tout à coup, en le voyant, j'eus la pensée que cette petite créature était sans prévention, et avait vécu trop peu de temps pour avoir horreur de la difformité. Si, donc, je pouvais le prendre, et l'élever comme mon compagnon et mon ami, je ne serais plus solitaire sur cette terre peuplée.

« Cédant à cette pensée, je saisis l'enfant au passage, et le tirai vers moi. À ma vue, il couvrit ses yeux de ses mains, et poussa un cri d'effroi. J'ôtai de force la main qu'il tenait sur sa figure, et je lui dis :

« – Enfant, que crains-tu ? Je n'ai pas l'intention de te faire aucun mal[2] ; écoute-moi.

« Il se débattait avec violence :

Vocabulaire et nom propre

1. *Du Switzerland* : de la Suisse.

2. *Je n'ai pas l'intention de te faire aucun mal* : je ne veux pas te faire de mal.

« – Laisse-moi m'en aller, s'écria-t-il, monstre ! vilain méchant ! Tu veux me manger et me déchirer en morceaux… Tu es un ogre… Laisse-moi m'en aller ou je le dirai à papa.

« – Mon enfant, tu ne reverras plus ton père ; il faut que tu viennes avec moi.

« – Monstre affreux ! Laisse-moi partir ; mon papa est syndic[1] ; c'est M. Frankenstein… Il te punirait, si tu osais me retenir.

« – Frankenstein ! Tu appartiens donc à mon ennemi… à celui de qui j'ai juré de tirer vengeance ; tu seras ma première victime.

« L'enfant se débattait encore, et me chargeait d'épithètes[2] qui portaient le désespoir dans mon cœur. Je lui pris le cou pour l'empêcher de crier, et je le vis aussitôt tomber mort à mes pieds.

« En contemplant ma victime, j'avais le cœur gonflé de joie et fier d'un triomphe infernal. Je frappai des mains, en m'écriant :

« – Moi aussi, je puis porter la désolation ; mon ennemi n'est pas au-dessus de mes atteintes ; cette mort le jettera dans le désespoir, et mille autres malheurs pourront l'affliger et l'accabler.

« En fixant mes yeux sur l'enfant, j'aperçus un objet qui brillait sur sa poitrine : je le pris, c'était le portrait d'une femme très séduisante. Tout pervers que j'étais, j'en fus transporté, et je m'adoucis. Je contemplai quelques moments avec délices ses yeux noirs ombragés par de longs cils, et ses lèvres gracieuses ; mais bientôt ma rage revint : je me rappelai que j'étais à jamais privé du bonheur que l'on peut attendre d'aussi belles créatures ; et que celle dont je contemplais l'image changerait, en me regardant, cet air divin de bonté en une expression de dégoût et d'effroi.

« Vous étonnerez-vous que de telles pensées me transportassent de rage ? Je m'étonne seulement que, dans ce moment, au lieu de donner cours à mes sentiments en exclamations et en désespoir, je

---

Vocabulaire

1. *Syndic* : magistrat élu, membre du conseil municipal.
2. *Épithètes* : adjectifs qualificatifs.

ne me sois pas précipité au milieu de l'espèce humaine, et que je n'aie pas péri en essayant de la détruire.

« Accablé par ces sentiments, je quittai le lieu où j'avais commis le meurtre. Je cherchais une retraite plus à l'écart, lorsque je vis une femme passer auprès de moi. Elle était jeune, pas aussi belle que celle dont je tenais le portrait mais d'un aspect agréable, et brillant de tout l'éclat de la jeunesse et de la santé. Voici, pensais-je, une de celles qui sourient pour tout le monde, excepté pour moi ; elle n'échappera pas : grâce aux leçons de Félix, et aux lois sanguinaires de l'homme, j'ai appris à préparer le mal. Je m'approchai d'elle sans en être vu, et je mis le portrait dans une des poches de son vêtement.

« Pendant quelques jours j'allai souvent à l'endroit où ces scènes avaient eu lieu : tantôt j'avais le désir de vous voir, tantôt j'étais résolu à quitter pour toujours le monde et ses misères. Enfin je vins dans ces montagnes, et j'ai erré dans leurs immenses solitudes, consumé par une passion brûlante que vous seul pouvez satisfaire. Nous ne nous séparerons pas que vous n'ayez promis de consentir à ma requête. Je suis seul et malheureux ; l'homme ne veut pas m'admettre dans sa société ; mais un être aussi difforme et aussi horrible que moi-même ne me repousserait pas. Ma compagne doit avoir le même extérieur et les mêmes défauts. Votre devoir est de la créer. »

Chapitre XVII

Le monstre cessa de parler, et fixa les yeux sur moi, dans l'attente d'une réponse ; mais j'étais troublé, hors de moi, et incapable de recueillir assez mes idées pour comprendre toute l'étendue de sa proposition. Il continua :

– Il faut me créer une femme avec qui je puisse vivre dans l'échange de ces sentiments nécessaires à mon existence. Vous seul pouvez le faire ; et je vous le demande comme un droit que vous ne devez pas refuser.

La dernière partie de son histoire avait rallumé dans mon cœur la colère qui s'était apaisée pendant le récit de sa vie paisible, parmi les habitants de la chaumière, et, lorsqu'il prononça ces derniers mots, je ne pus contenir plus longtemps la fureur qui me consumait.

– Je refuse, répondis-je ; et aucun supplice n'arrachera jamais mon consentement. Tu peux me rendre le plus malheureux des hommes ; mais tu ne m'aviliras[1] jamais à mes propres yeux. Irai-je créer un autre être semblable à toi-même, et dont la méchanceté, jointe à la tienne, désolerait le monde ? Éloigne-toi ! Je t'ai répondu ; tu peux me torturer ; mais je ne consentirai jamais à ta demande.

– Vous avez tort, répliqua le démon ; et, au lieu de me servir de menaces, je me contenterai de raisonner avec vous. Je suis méchant parce que je suis malheureux. Ne suis-je pas abandonné et haï par toute l'espèce humaine ? Vous, mon créateur, si vous me mettiez en pièces, vous en triompheriez ; souvenez-vous-en, et dites-moi pourquoi j'aurais pour l'homme plus de pitié qu'il ne m'en témoigne. Vous ne croiriez pas commettre un meurtre, si, me précipitant dans un de ces abîmes de glace, vous me faisiez périr, moi, l'ouvrage de vos mains. Respecterai-je l'homme lorsqu'il me méprise ? Faites-le vivre avec moi dans un échange de bontés ; et, au lieu de lui nuire, je lui ferai toutes sortes de biens en pleurant de reconnaissance de ce qu'il veut bien les accepter. Mais il n'en saurait être ainsi ; les sens humains sont des barrières insurmontables à notre union. Cependant, les miens ne se soumettront pas à un esclavage honteux.

Vocabulaire
1. *M'aviliras* : me déprécieras.

Je vengerai mes injures : si je ne puis inspirer l'amour, j'inspirerai la crainte ; et c'est surtout à vous, mon plus grand ennemi, parce que vous êtes mon créateur, que je jure une haine éternelle. Prenez-y garde : je travaillerai à votre destruction, et je ne m'arrêterai pas que je n'aie désolé votre cœur, de manière à ce que vous maudissiez l'heure de votre naissance.

Une rage infernale l'animait en prononçant ces paroles ; sa figure se ridait en contorsions trop horribles pour que des yeux humains pussent la regarder ; mais il se calma promptement, et il ajouta :

– Je voulais raisonner ; mais mon emportement s'y oppose ; et cependant vous ne réfléchissez pas que vous êtes la cause de ses excès. Si un être quelconque éprouvait pour moi quelques émotions de bienveillance, je la lui rendrais au centuple ; pour cet amour d'une seule créature, je ferais la paix avec l'espèce entière ! Mais je vois que je me laisse aller à des rêves de bonheur qui ne peuvent se réaliser. Ce que je vous demande est raisonnable et modéré ; je veux une créature d'un autre sexe, mais aussi hideuse que moi : ce présent est faible, mais c'est tout ce que je puis recevoir et je serai content. Il est vrai que nous serons des monstres séparés du monde entier ; mais nous en serons plus attachés l'un à l'autre. Nous ne vivrons pas heureux, mais nous serons innocents, et à l'abri du malheur que j'éprouve maintenant. Ah ! Mon créateur, rendez-moi heureux ; qu'un seul bienfait me permette de vous exprimer ma reconnaissance ! Laissez-moi connaître le plaisir de toucher le cœur d'un être existant ; ne me refusez pas ce que je vous demande !

Je fus touché. Je frissonnai en pensant aux conséquences que pourrait avoir mon consentement ; mais je sentis que ses raisonnements étaient assez justes. Son histoire et les sentiments qu'il exprimait dans ce moment prouvaient quelque délicatesse. D'ailleurs, ne lui devais-je pas, à titre de créateur, toute la portion de bonheur qu'il était en mon pouvoir de lui accorder ? Il remarqua un changement dans ce que j'éprouvais, et il poursuivit.

– Si vous consentez à ma demande, je ne paraîtrai jamais ni devant vous, ni devant aucun être humain. J'irai dans les vastes déserts de l'Amérique méridionale. Ma nourriture n'est pas celle de l'homme ; je n'égorge ni l'agneau, ni le chevreau pour assouvir mon appétit : les glands et les graines me suffisent. Ma compagne sera de la même nature que moi, et se contentera de la même manière de vivre. Les feuilles sèches nous serviront de lit ; le soleil brillera pour nous comme pour l'homme, et mûrira notre nourriture. Le tableau que je vous présente est une image de paix et d'humanité : vous devez sentir que vous ne pourriez contrarier mes vœux que par abus de pouvoir et par cruauté. Tout à l'heure vous avez été sans pitié pour moi ; je lis maintenant la compassion dans vos regards ; laissez-moi saisir le moment favorable, laissez-moi obtenir la promesse de ce que je désire si ardemment.

– Tu te proposes, répondis-je, de t'éloigner de la demeure des hommes, de vivre dans ces déserts où tu n'auras d'autre société que celle des bêtes féroces. Comment pourras-tu persévérer dans cet exil, toi qui désires l'amour et la sympathie de l'homme ? Tu reviendras rechercher encore leur amitié, et tu ne trouveras que leur haine ; ta passion du mal se renouvellera, et tu auras alors une compagne pour t'aider à détruire. Cela ne se peut ; ne m'en parle plus, car je n'y puis consentir.

– Quelle inconstance dans vos sentiments ! Il n'y a qu'un moment vous étiez ému par mes raisonnements ; pourquoi vous endurcissez-vous contre mes plaintes ? Je vous jure, par la terre que j'habite, et par vous-même qui m'avez créé, que je quitterai, avec la compagne que vous me donnerez, le voisinage de l'homme, et que nous irons habiter dans le lieu le plus sauvage. Je ne serai plus animé par le mal, car je connaîtrai la sympathie : ma vie s'écoulera tranquillement ; et, à mes derniers moments, je ne maudirai pas mon créateur.

Ses paroles firent sur moi un effet étrange. Je fus touché de compassion, et je sentis un moment le désir de le consoler ; mais, en le regardant, en voyant la masse informe se mouvoir et parler, mon cœur se souleva, et mes sentiments furent ceux de l'horreur et de la haine. Je m'efforçai de les étouffer. Je pensai que, dans l'impossibilité de sympathiser avec lui, je n'avais pas droit de le priver de la petite portion de bonheur qu'il était encore en mon pouvoir de lui accorder.

– Tu jures d'être bon, lui dis-je ? Mais n'as-tu pas déjà montré un degré de perversité tel que je pourrais avec raison me défier de toi ? Ne serait-ce pas une feinte pour accroître ton triomphe en ouvrant une plus vaste carrière à ta vengeance ?

– Qu'est-ce ? Je croyais avoir excité votre compassion, et vous me refusez encore le seul bienfait qui puisse adoucir mon cœur et me rendre bon. Si je n'ai ni devoir ni affection, la haine et le crime seront mon partage. Aimé d'un autre, je n'aurai plus de motif pour être criminel et tout le monde ignorera que j'existe. Mes défauts viennent d'une solitude forcée que j'abhorre, et mes vertus se formeront nécessairement dans la vie que je passerai avec une créature semblable à moi. Je connaîtrai les affections d'un être sensible, et me rattacherai à la chaîne d'existence et d'événements dont je suis maintenant exclu.

Je me tus quelque temps pour réfléchir à tout ce qu'il venait de dire et aux différents raisonnements dont il s'était servi. Je pensais aux vertus qu'il avait promises au commencement de son existence. Je compris que tout bon sentiment avait été éteint en lui par le dégoût et le mépris qu'il avait éprouvés de ses protecteurs. Je n'oubliai pas dans mon calcul son pouvoir et ses menaces : une créature qui pouvait exister dans les froides cavernes des glaciers et éviter les poursuites au milieu de précipices inaccessibles était un être qui possédait des facultés contre lesquelles il serait inutile de lutter. Après un long silence de réflexion, je conclus que la justice qui lui était due, celle qui était due à mes semblables, exigeait que je consentisse à sa demande. Je me tournai vers lui, en disant :

– Je consens à ta demande ; mais j'exige le serment solennel que tu quitteras pour toujours l'Europe, et tout autre lieu dans le voisinage de l'homme, dès que je remettrai entre tes mains une femme qui t'accompagnera dans ton exil.

– Je jure, s'écria-t-il, par le soleil et la voûte azurée du ciel, que, si vous vous rendez à ma prière, tant qu'ils existeront, vous ne me reverrez jamais. Retournez chez vous, et commencez vos travaux : j'observerai leurs progrès avec une sollicitude inexprimable ; mais soyez sans crainte, je ne paraîtrai que quand vous serez prêt.

À ces mots, il me quitta brusquement, dans la crainte, peut-être, de quelque changement dans mes sentiments. Je le vis descendre la montagne avec plus de rapidité que le vol d'un aigle, et je le perdis bientôt de vue parmi les ondulations de la mer de glace.

[...]

Chapitre XVIII

Après mon retour à Genève, les jours et les semaines s'écoulèrent sans que je pusse trouver le courage de recommencer mon ouvrage. Si je ne remplissais pas ma promesse envers le démon, j'avais tout à craindre de sa vengeance ; cependant je ne pouvais surmonter l'horreur que m'inspirait l'affreux travail dont j'étais chargé. Je comptais avoir besoin, pour former une femme, de plusieurs mois d'une étude profonde et de recherches pénibles. J'avais entendu parler de quelques découvertes faites par un philosophe anglais et dont il était nécessaire que j'eusse connaissance. Quelquefois je pensais à obtenir le consentement de mon père pour visiter l'Angleterre et m'instruire de ces nouvelles découvertes ; mais je m'effrayais de toute espèce de retard, et je ne pouvais me résoudre à troubler la tranquillité qui commençait à rentrer dans mon âme. Ma santé, qui jusqu'alors avait décliné, était maintenant bien rétablie ; et mon courage ne s'affermissait pas moins, lorsque je n'avais pas l'esprit frappé par le souvenir de ma malheureuse promesse. Mon père remarqua ce changement avec plaisir et chercha le moyen de dissiper ce qui restait de ma mélancolie, dont les noirs accès revenaient de temps en temps et troublaient le bonheur dont j'étais près de jouir. Dans ces moments, je me renfermais dans la solitude la plus profonde. Je passais des journées entières sur le lac, dans une barque, seul, silencieux, et indifférent au spectacle des cieux comme au bruit des vagues ; mais la vivacité de l'air et l'éclat du soleil manquaient rarement de me rendre quelque tranquillité ; et, à mon retour, j'accueillais mes amis avec un sourire plus agréable et un cœur plus gai.

Un jour, au retour d'une de ces promenades, mon père m'appela auprès de lui, et me parla ainsi :

– Je suis satisfait, mon cher fils, de remarquer que vous avez repris vos premiers amusements et que vous semblez revenir à vous-même, quoique vous soyez toujours malheureux et que vous évitiez encore notre société. Pendant quelque temps, je me suis perdu en conjectures pour en découvrir la cause ; mais hier une idée m'a frappé, et, si elle est fondée, je vous conjure de me l'avouer. La réserve sur ce point ne serait pas seulement inutile, mais funeste à nous tous.

Cet exorde[1] me fit trembler avec violence, mais mon père continua :

– J'avoue, mon fils, que j'ai toujours envisagé votre mariage avec votre cousine comme le nœud de notre bonheur domestique et la consolation de mes vieux jours. [...]

J'écoutais mon père en silence et je fus quelque temps sans pouvoir lui répondre. J'agitai rapidement une multitude de pensées dans mon esprit et je fis mille efforts pour amener une conclusion. Hélas ! La perspective d'une union prochaine avec ma cousine me remplissait d'horreur et d'épouvante. J'étais lié par une promesse solennelle

---

Vocabulaire

1. *Cet exorde* : ce préambule, cette introduction.

que je n'avais pas encore tenue ; je n'osais pourtant pas la violer car, si j'avais cette témérité, je verrais fondre sur ma famille et sur moi-même les innombrables malheurs que nous réservait la vengeance du démon. Accablé de ce poids affreux, pourrais-je supporter un jour de fête ? Il fallait que mes engagements envers le monstre fussent remplis et qu'il eût quitté ces lieux avec sa compagne pour qu'il me fût permis de jouir en paix d'une union dont j'attendais le bonheur.

Je me souvins aussi de la nécessité, ou de voyager en Angleterre, ou de nouer une longue correspondance avec les philosophes de ce pays, dont les connaissances et les découvertes m'étaient d'un usage indispensable dans ma nouvelle entreprise ; car l'ancienne méthode, pour obtenir l'intelligence désirée, était longue et peu satisfaisante. [...]

Je pressai mon père avec ardeur, et j'en obtins facilement le consentement ; car il n'existait pas sur la terre un père qui fût plus indulgent et moins despotique. Notre plan fut bientôt arrangé. J'irais à Strasbourg où Clerval viendrait me rejoindre. Nous passerions quelque temps dans les villes de Hollande ; nous ferions notre plus long séjour en Angleterre, et nous reviendrions par la France. Il fut convenu que ce voyage durerait deux ans.

[...]

Je partis vers la fin du mois d'août pour passer deux années d'exil. Elizabeth approuvait l'idée de mon départ, et regrettait seulement de n'avoir pas la même occasion d'enrichir son expérience et de cultiver son esprit ; mais elle ne pût s'empêcher de pleurer en me disant adieu, et elle me pria de revenir heureux et tranquille.

– Nous dépendons tous de vous, dit-elle ; et si vous êtes malheureux, nous le serons aussi.

[...]

Après quelques jours d'une complète indolence[1], j'arrivai à Strasbourg où j'attendis Clerval pendant deux jours. Il arriva. Hélas !

Vocabulaire

1. *Indolence* : paresse.

Quel contraste entre nous ! Il s'animait à chaque scène nouvelle : il était content en admirant les beautés du soleil couchant, et plus heureux encore lorsqu'il le voyait se lever et commencer un nouveau jour. [...] Moi, malheureux, j'étais poursuivi par une malédiction qui fermait tout accès à la joie.

Nous étions convenus de descendre le Rhin dans un bateau depuis Strasbourg jusqu'à Rotterdam, d'où nous devions nous embarquer pour Londres. Pendant ce voyage, nous passâmes devant un grand nombre d'îles couvertes de saules, et nous vîmes plusieurs villes superbes. Nous nous arrêtâmes un jour à Manheim, et, cinq jours après notre départ de Strasbourg, nous arrivâmes à Mayence. [...]

Au-dessus de Cologne, nous descendîmes dans les plaines de la Hollande et nous résolûmes de faire en poste le reste de notre route ; car le vent était contraire et le courant du fleuve trop lent.

Notre voyage perdit ici l'intérêt qui s'attachait à un pays magnifique ; nous fûmes en peu de jours à Rotterdam, d'où nous fîmes voile pour l'Angleterre. [...]

Enfin nous aperçûmes les nombreux clochers de Londres, celui de Saint-Paul qui s'élève au-dessus de tous, et la Tour si fameuse dans l'histoire d'Angleterre.

Chapitre XIX

Londres fut notre point de repos ; nous résolûmes de rester plusieurs mois dans cette ville étonnante et célèbre. Clerval désirait voir les hommes les plus remarquables de cette époque par leur talent ou leur génie ; mais je n'y attachais qu'une importance secondaire ; j'étais principalement occupé des moyens de recueillir les renseignements dont j'avais besoin pour remplir ma promesse. Je profitai sur-le-champ des lettres d'introduction que j'avais apportées, et qui étaient pour les philosophes les plus distingués.

[…]

Nous étions arrivés en Angleterre au commencement d'octobre, et nous étions alors en février. En conséquence, nous nous déterminâmes à commencer notre voyage vers le nord un mois plus tard. Dans notre excursion, nous n'avions pas le projet de suivre la grande route jusqu'à Édimbourg, mais de visiter Windsor, Oxford, Matlock, et les lacs de Cumberland ; et de terminer ce voyage en juillet. J'emballai mes instruments de chimie et les matériaux que j'avais réunis, avec l'intention de finir mes travaux dans quelque coin obscur des pays montagneux de l'Écosse.

Partis de Londres le 27 mars, nous mîmes quelques jours à parcourir les belles forêts de Windsor. Des chênes majestueux, une multitude prodigieuse de gibier et des troupes de daims superbes présentaient une scène tout à fait nouvelle pour nous qui habitions les montagnes.

[…]

Nous passâmes beaucoup de temps à Oxford, pour parcourir les environs, et chercher à reconnaître chaque lieu qui rappelait l'époque la plus intéressante de l'histoire anglaise. […]

Nous quittâmes Oxford avec regret pour nous diriger vers Matlock, le lieu le plus rapproché où nous pussions nous arrêter. […]

De Derby, en voyageant toujours vers le Nord, nous passâmes dans le Cumberland et le Westmoreland, où notre séjour fut de deux mois. […]

Nous avions à peine visité les différents lacs du Cumberland et du Westmoreland et pris affection pour quelques-uns des habitants, que nous fûmes à l'époque du rendez-vous fixé par l'Écossais, notre ami. Nous nous séparâmes de nos hôtes pour continuer notre voyage. Pour moi je n'en fus pas affligé. J'avais négligé quelque temps ma promesse, et je redoutais les effets de la colère du démon. Il pouvait rester dans le Switzerland, et assouvir sa vengeance sur mes pareils. Cette idée me poursuivait et me tourmentait à chaque moment où d'ailleurs j'aurais trouvé le repos et la paix. J'attendais mes lettres avec l'impatience d'un homme qui a la fièvre. Étaient-elles en retard ? J'étais malheureux et accablé de mille frayeurs ; arrivaient-elles ? Je voyais l'écriture d'Elizabeth ou de mon père, j'osais à peine lire et m'assurer de mon sort. Quelquefois je pensais que le démon me suivait et pourrait hâter ma négligence en assassinant mon compagnon de voyage. Lorsque j'étais poursuivi de ces idées, je ne voulais pas quitter Henry un moment ; je le suivais comme son ombre, pour le protéger contre la rage de celui qui me semblait devoir être son meurtrier : j'étais semblable à l'homme qui s'est souillé d'un crime énorme, et qui est sans cesse dévoré par le remords. J'étais innocent ; mais j'avais attiré sur ma tête une malédiction terrible, aussi mortelle que celle du crime.

Je visitai Édimbourg avec indifférence, bien que cette ville soit digne d'intéresser l'être le plus malheureux. [...]

Nous partîmes d'Édimbourg au bout d'une semaine ; en traversant Coupar, Saint-André, et en longeant les rives du Tay, jusqu'à Perth où notre ami nous attendait. Peu disposé à rire et à causer avec des étrangers, ou à adopter leurs sentiments ou leurs projets avec la bonne humeur qu'on attend d'un hôte, j'annonçai à Clerval que je désirais faire seul le tour de l'Écosse.

– Amuse-toi, lui dis-je ; et que ce lieu soit notre rendez-vous. Je puis être absent un mois ou deux ; mais, je t'en prie, ne t'inquiète pas de ce que je ferai : laisse-moi un peu de temps dans le repos et la solitude ; et lorsque je reviendrai, j'espère que mon cœur sera soulagé, et plus d'accord avec ton caractère.

[...]

Je me séparai de mon ami, résolu de rechercher quelque lieu écarté de l'Écosse et de finir mon travail dans la solitude. Je ne doutais pas que le monstre ne me suivît et ne se découvrît à moi lorsque j'aurais terminé pour recevoir sa compagne.

Dans cette résolution, je traversai les pays montagneux du nord, et je me fixai dans l'une des moins habitées et des plus arides des îles Orknays ; ce lieu convenait au travail auquel j'allais me livrer et n'était guère qu'un rocher, dont les flancs élevés étaient continuellement battus par les vagues. Le sol était stérile et pouvait à peine produire la pâture de quelques misérables vaches, et le gruau[1] d'avoine de ses habitants, qui étaient au nombre de cinq et dont les membres maigres et décharnés témoignaient assez de leur misère ou de leur souffrance. Les végétaux, le pain et même l'eau fraîche étaient des objets de luxe, dont on ne pouvait jouir qu'en les faisant venir du continent, qui était à une distance d'environ cinq milles.

Dans toute l'île, il n'y avait que trois chétives chaumières : l'une d'elles était libre à mon arrivée : je la louai. Elle ne contenait que deux chambres, dont la malpropreté décelait la plus profonde détresse. Le chaume était enfoncé, les murs sans plâtre, et la porte hors de ses gonds. J'ordonnai des réparations à ma nouvelle demeure, j'y mis quelques meubles, et j'en pris possession : ces dispositions auraient pu, sans doute, surprendre les montagnards ; mais le besoin et la pauvreté engourdissent tellement leurs sens qu'ils n'y firent aucune attention. De cette manière, je vécus sans être observé, ni dérangé, et je fus à peine remercié de leur fournir des vêtements et des aliments, tant la souffrance émousse les sensations les plus simples des hommes !

Dans cette retraite, je consacrais la matinée au travail ; mais le soir, lorsque le temps le permettait, je me promenais sur le bord pierreux de la mer, prêtant l'oreille au mugissement[2] des vagues qui se brisaient à mes pieds. [...]

Au moment de mon arrivée, je partageai ainsi mon temps ; mais plus j'avançais dans mon travail, plus j'éprouvais d'horreur et de dégoût. Tantôt je ne pouvais prendre sur moi d'entrer dans mon laboratoire pendant plusieurs jours ; tantôt je travaillais nuit et jour,

---

Vocabulaire

1. *Gruau* : grain moulu d'avoine ou d'orge.
2. *Mugissement* : bruit provoqué par l'agitation des flots.

afin d'achever mon ouvrage. L'opération à laquelle je me livrais n'offrait que des dégoûts. Pendant mon premier essai, une sorte d'enthousiasme frénétique m'en avait dissimulé l'horreur ; mon esprit n'envisageait que le résultat de mon travail, et mes yeux n'étaient frappés que des progrès. Maintenant j'étais de sang-froid, et je succombais souvent devant l'ouvrage de mes mains.

Dans cette situation, adonné au plus odieux travail, plongé dans une solitude où rien ne pouvait détourner mon attention de la scène qui m'occupait, je devins inégal, je perdis tout repos, et j'éprouvai une irritation de nerfs. À tout moment je craignais de rencontrer mon persécuteur. Quelquefois je m'asseyais les yeux fixés sur la terre, pour ne pas voir, en les levant, l'objet dont j'étais si effrayé. Je prenais soin de ne pas m'écarter de la présence de mes semblables, dans la crainte qu'il ne vînt seul réclamer sa compagne.

Cependant je continuais mon travail, et je l'avais même déjà considérablement avancé. J'envisageais le moment où il serait terminé, avec un espoir mêlé de trouble et d'ardeur dont je n'osais me rendre compte, mais auquel venait se joindre d'obscurs pressentiments de malheurs, assez terribles pour jeter le trouble dans mon cœur.

Chapitre XX

J'étais assis un soir dans mon laboratoire. Le soleil était couché depuis longtemps, et la lune s'élevait de la mer ; il n'y avait plus assez de jour pour que je pusse continuer mon ouvrage. Je le suspendis, incertain si je le laisserais pendant la nuit ou si je me hâterais de le terminer en m'y livrant sans relâche. En ce moment, une foule de réflexions se présentèrent à mon esprit, et me conduisirent à considérer les effets du travail auquel je m'adonnais. Trois années auparavant, j'avais travaillé au même objet, et j'étais parvenu à créer un démon, dont la cruauté sans égale avait désolé mon cœur et l'avait à jamais rempli des remords les plus cuisants. J'allais maintenant former une autre créature dont je ne pouvais prévoir le caractère ; elle pouvait devenir dix mille fois plus perverse que son compagnon et se complaire au meurtre et au mal. Celui-ci avait juré de quitter le voisinage de l'homme, et de se cacher dans des déserts ; mais elle n'avait pris aucun engagement. Destinée, suivant toute apparence, à devenir un animal pensant et raisonnant, ne pouvait-elle pas refuser de consentir à un pacte antérieur à sa création ?

L'un et l'autre pourraient même se haïr ; la créature qui avait déjà reçu la vie était choquée de sa propre difformité : ne pourrait-elle pas en concevoir une plus grande horreur lorsqu'elle serait offerte à ses yeux sous la forme d'une femme ? La nouvelle créature pourrait aussi se détourner de l'autre avec dégoût, en voyant la beauté supérieure de l'homme ; elle pourrait quitter le monstre ; et lui, seul pour la seconde fois, ne serait-il pas exaspéré de cet affront nouveau ? Supporterait-il d'être abandonné par un être d'une espèce semblable à la sienne ?

Si même ils quittaient l'Europe pour aller dans les déserts du Nouveau monde, un des résultats inévitables de ces sympathies dont le démon avait besoin serait la naissance de leurs enfants, souche d'une race de démon qui se propagerait sur la terre, et pourrait rendre l'existence même de l'espèce humaine précaire et pleine de terreur. Avais-je le droit, pour mon propre intérêt, d'infliger cette malédiction sur les générations à venir ? J'avais été touché auparavant par les sophismes[1] de l'être que j'avais créé ; j'avais été effrayé de ses menaces infernales ; mais aujourd'hui, pour la première fois, j'envisageais le danger de ma promesse ; je frissonnai en pensant que les siècles à venir me maudiraient comme leur fléau ; moi qui, dans mon égoïsme, n'avais pas craint d'acheter ma tranquillité personnelle au prix, peut-être, de l'existence de toute la race humaine.

Vocabulaire

1. *Sophismes* : raisonnements.

Je tremblais, je me sentais défaillir, lorsque, en levant les yeux, j'aperçus, à la clarté de la lune, le démon auprès de la fenêtre. Il sourit en me voyant occupé de la tâche qu'il m'avait imposée ; mais ce sourire était horrible. Ce n'était que trop vrai : il m'avait suivi dans mes voyages ; il avait habité les forêts, il s'était caché dans les cavernes ou dans les bruyères vastes et désertes ; et il venait maintenant observer mes progrès, et réclamer l'accomplissement de ma promesse. Au moment où je le regardai, sa figure exprimait le dernier degré de la perversité et de la perfidie. Je pensai, avec une sorte de démence, à la promesse que j'avais faite de créer un être semblable à lui ; la fureur s'empara de moi, et je brisai en plusieurs morceaux l'objet de mon travail. Le malheureux me vit détruire la créature de l'existence de laquelle dépendait son bonheur, et il s'éloigna en poussant un cri de désespoir et de vengeance.

Je quittai le laboratoire ; j'en fermai la porte à clef, et je fis, en moi-même, le vœu solennel de ne reprendre jamais mes travaux ; et alors, à pas tremblants, je me dirigeai vers mon appartement. J'étais seul ; personne n'était auprès de moi pour dissiper mon chagrin et calmer les pensées les plus terribles sous lesquelles je succombais.

Pendant plusieurs heures, assis près de ma fenêtre, je fixai les yeux sur la mer : elle était presque immobile ; les vents se taisaient, et toute la nature reposait à l'éclat paisible de la lune. Quelques vaisseaux pêcheurs paraissaient seuls ; et, de temps en temps, la douce brise apportait les voix des pêcheurs qui s'appelaient entre eux. Je jouissais de ce silence, sans sentir à peine combien il était profond, quand mon oreille fut tout à coup frappée par un bruit de rames qui touchaient le bord, et par celui d'une personne qui s'approchait de mon habitation.

Quelques minutes après, j'entendis ma porte crier, comme si l'on cherchait à l'ouvrir doucement. Je tremblais de la tête aux pieds ; agité par le pressentiment de ce qui allait arriver, je voulus appeler un des paysans qui demeurait dans une chaumière peu éloignée de la mienne ; mais, succombant à un sentiment de faiblesse, du genre de ceux qu'on éprouve si souvent dans des rêves effrayants, lorsqu'on s'efforce de fuir un danger dont on est menacé, je restai attaché à la même place.

Bientôt j'entendis le bruit des pas le long du passage ; la porte s'ouvrit ; et je vis le malheureux qui m'était si redoutable. Il ferma la porte, s'approcha de moi, et dit d'une voix étouffée :

– Quelle est votre intention en détruisant l'ouvrage que vous commenciez ? Osez-vous rompre votre promesse ? J'ai supporté la fatigue et la misère : j'ai quitté le Switzerland avec vous ; je me suis traîné le long des bords du Rhin ; j'ai erré sur le sommet des montagnes qui l'avoisinent et parmi ces îles couvertes de saules ; j'ai habité plusieurs mois dans les bruyères de l'Angleterre et au milieu des déserts de l'Écosse. J'ai enduré des fatigues inouïes, le froid et la faim ; osez-vous détruire mes espérances ?

– Éloigne-toi ! Je romps ma promesse ; jamais je ne consentirai à créer un autre être qui t'égale en difformité et en méchanceté.

– Esclave, j'ai jusqu'à présent raisonné avec toi ; mais tu m'as prouvé que tu étais indigne de ma condescendance[1]. Souviens-toi que j'ai le pouvoir ; tu te crois à plaindre ; apprends donc que je puis te rendre si malheureux que la lumière du jour te sera odieuse. Tu es mon créateur, mais je suis ton maître ; obéis !

– L'heure de ma faiblesse est passée, et le terme de ta puissance est venu : tes menaces ne peuvent me porter à consentir à un acte de faiblesse ; bien loin de là, elles me confirment dans la résolution de ne pas te créer une compagne, qui ne serait que la complice de tes crimes. Mettrai-je de sang-froid sur la terre un démon qui ne trouve de plaisir que dans la mort et le malheur ? Éloigne-toi ! Je suis inébranlable, et ce que tu diras ne sera propre qu'à exciter ma fureur.

Vocabulaire

1. *Condescendance* : complaisance.

Le monstre vit ma détermination sur ma figure, et grinça les dents dans sa rage impuissante.

– Eh quoi ! s'écria-t-il, l'homme peut presser une femme contre son sein, l'animal a sa compagne ; et moi, je serai seul dans la nature ! J'avais des sentiments d'affections, et ils ont été payés par la haine et le mépris. Homme, tu peux me haïr ; mais prends-y garde ! Ta vie se passera dans la crainte et la douleur ; bientôt ton cœur sera frappé du trait qui doit te priver à jamais du bonheur. Dois-tu être heureux, tandis que je languis sous le poids de mon malheur ? Tu peux anéantir mes autres passions ; mais j'aurai toujours la vengeance… la vengeance, désormais plus chère que la lumière ou la vie ! Je puis mourir ; mais avant ma mort, toi, mon tyran et mon bourreau, tu maudiras le soleil qui contemple ta misère.

– Prends-y garde ; car je suis sans crainte, et par conséquent puissant. J'épierai avec la ruse du serpent, et je blesserai avec son venin. Homme, tu te repentiras des maux que tu prépares.

– Tais-toi, démon ; et n'empoisonne pas l'air par tes paroles criminelles. Je t'ai déclaré ma résolution, et je ne suis pas assez lâche pour céder à tes menaces. Laisse-moi ; je suis inexorable.

– C'est bien. Je pars ; mais souviens-toi que je serai avec toi la nuit de ton mariage.

Je m'élançai en m'écriant :

– Monstre ! Avant que tu ne signes mon arrêt de mort, tâche d'être en sûreté toi-même.

Je voulus le retenir ; mais il m'échappa, quitta la maison à la hâte, et en peu d'instants, il fut dans son bateau. Je le vis fendre les eaux avec la rapidité de la flèche, et je le perdis bientôt de vue au milieu des vagues. Un profond silence régnait autour de moi ; mais ses paroles retentissaient à mes oreilles. Dans ma rage, je brûlais de poursuivre celui qui me privait du repos, et de le précipiter dans l'océan. Je parcourus ma chambre en tous sens, à pas précipités et hors de moi, pendant que mon imagination me présentait mille tableaux propres à me tourmenter et à me déchirer. Pourquoi ne l'avais-je pas suivi ? Pourquoi n'avais-je pas engagé avec lui un combat mortel ? Je l'avais laissé partir, et il s'était dirigé vers le continent. Je frissonnai en pensant quelle pourrait être la première victime sacrifiée à son insatiable vengeance. Et alors je me rappelai ses paroles : « Je serai avec toi la nuit de ton mariage. » C'était donc à cette époque qu'était fixé le terme de ma destinée. Je devais mourir à cette heure, satisfaire et éteindre à la fois sa perversité. Je n'en tremblai pas ; mais venant à penser à ma chère Elizabeth, à ses larmes et au chagrin éternel qu'elle éprouverait en voyant son amant si cruellement arraché de ses bras... je sentis couler des larmes, les premières que j'eusse versées depuis plusieurs mois ; et je résolus de ne pas succomber devant mon ennemi sans une résistance complète.

La nuit s'écoula, et le soleil s'éleva de l'océan : je fus plus calme, si l'on peut appeler calme celui dont la rage violente se change en un profond désespoir. Je quittai la maison, théâtre horrible de la dispute de la veille, et je me promenai sur le bord de la mer, qui me semblait une barrière insurmontable entre mes semblables et moi. Je formais le désir de pouvoir passer ma vie sur ce rocher stérile, dans l'ennui, mais du moins certain de ne pas être frappé de douleur par quelque catastrophe soudaine. [...]

Le soleil était déjà fort avancé dans sa course ; mais je me tenais encore sur le rivage, et j'étais à manger un gâteau d'avoine pour apaiser ma faim dévorante, lorsqu'un bateau pêcheur s'arrêta près de moi, et m'apporta un paquet qui contenait plusieurs lettres de Genève, et une de Clerval, mon ami, qui m'engageait à le rejoindre, en me disant qu'il y avait près d'un an que nous étions partis du Switzerland et que nous n'avions pas encore visité la France. Il me priait donc de quitter mon île solitaire et de venir au bout d'une semaine le trouver à Perth, où le plan de nos voyages pourrait être concerté. Je fus rappelé à la vie par cette lettre, et je me déterminai à quitter mon île deux jours après.

Cependant, avant de partir, j'avais à faire une chose dont l'idée me causait un frissonnement. Il fallait emballer mes instruments de chimie ; pour cela, entrer dans la chambre qui avait été le théâtre de mon odieux travail, et toucher ces ustensiles à la vue desquels je pâlissais. Le lendemain matin, au point du jour, je rassemblai tout mon courage, et j'ouvris la porte de mon laboratoire. Les débris de la créature qui était à moitié terminée, et que j'avais détruite, étaient dispersés sur le plancher ; en les voyant, j'éprouvai presque le même sentiment que si j'avais déchiré en lambeaux la chair vivante d'un être humain. Je m'arrêtai pour me recueillir, et j'entrai, après un moment, dans la chambre. J'en enlevai les instruments d'une main tremblante ; mais je réfléchis qu'il ne fallait pas y laisser les débris de mon ouvrage pour exciter l'horreur et le soupçon des paysans ; et, en conséquence, je les mis dans un panier avec une grande quantité de pierres, et je les emportai dans le dessein de les jeter dans la mer cette nuit même. En même temps je m'assis sur le rivage, et je me mis à nettoyer et à arranger mes appareils de chimie.

[...]

Entre deux et trois heures du matin, la lune se leva. Je mis alors mon panier dans un petit esquif[1], et je m'éloignai du rivage à environ quatre milles. La scène était solitaire : il y avait bien quelques bateaux qui regagnaient le continent, mais je m'en tins éloigné. On aurait dit que j'allais commettre un crime horrible : j'évitais avec une inquiétude mortelle toute rencontre avec mes semblables. En même temps, la lune, qui auparavant avait été claire, fut couverte tout à coup d'un nuage épais. Je profitai de ce moment d'obscurité pour jeter mon panier dans la mer ; je prêtai l'oreille au bruit qu'il faisait en s'enfonçant, et je quittai la place que j'avais choisie pour cette opération. Le ciel se couvrit ; mais l'air, refroidi seulement par

Vocabulaire
1. *Esquif* : barque.

le vent nord-est qui venait de s'élever, ne cessait pas d'être pur. Je ressentais une fraîcheur qui me parut si agréable, que je résolus de rester plus longtemps sur l'eau. Je fixai le gouvernail dans une position directe, et je m'étendis au fond du bateau. La lune était cachée par les nuages ; tout était obscur ; je n'entendais que le bruit de la barque, dont la quille fendait les vagues ; bercé par le murmure, je m'endormis bientôt d'un profond sommeil.

[...]

Quelques heures après, le soleil pencha vers l'horizon ; le vent se changea insensiblement en une douce brise, et l'agitation de la mer fit place à un calme plat. Je m'affaiblissais et j'étais à peine capable de tenir le gouvernail, quand tout à coup je vis la terre vers le sud.

Dans un moment où j'étais presque mort de fatigue et du doute affreux dans lequel j'étais depuis plusieurs heures, cette certitude soudaine de la vie pénétra jusqu'à mon cœur comme une source vivifiante de joie, et me fit verser des larmes.

[...] Je suivis avec empressement les détours de la côte, et j'aperçus enfin un clocher qui s'élevait derrière un petit promontoire. Dans mon état extrême de faiblesse, je résolus de faire voile directement vers la ville, comme le lieu où je pourrais le plus facilement pourvoir à ma nourriture. Par bonheur, j'avais de l'argent avec moi. En tournant le promontoire, je vis une jolie petite ville et un bon port, où j'abordai en bondissant de joie de mon salut inespéré.

Pendant que j'étais occupé à attacher le bateau et à arranger les voiles, plusieurs personnes s'attroupèrent autour de moi. Elles paraissaient très surprises de me voir paraître ; et, au lieu de m'offrir du secours, elles parlaient ensemble en faisant des gestes, qui, dans tout autre instant, m'auraient alarmé ; mais alors, je remarquai simplement qu'ils parlaient anglais, et je m'adressai à eux dans cette langue :

– Mes bons amis, leur dis-je, aurez-vous l'obligeance de me dire le nom de cette ville, et de m'apprendre où je suis ?

– Vous le saurez assez tôt, répondit un homme avec une voix aigre. Peut-être êtes-vous venu dans un lieu qui ne vous plaira pas trop ; mais on ne demandera pas votre goût, je vous promets.

Je fus excessivement surpris de recevoir une réponse aussi dure d'un étranger, et je ne fus pas moins déconcerté en voyant les figures sourcilleuses et irritées de ses compagnons.

– Pourquoi me répondez-vous aussi durement, répliquai-je ? Assurément, les Anglais n'ont pas coutume de recevoir les étrangers d'une façon si peu hospitalière.

– Je ne sais pas, dit l'homme, quelle est la coutume des Anglais ; mais celle des Irlandais est de haïr les scélérats.

Pendant cet étrange dialogue, je vis la foule se grossir rapidement. Les figures exprimaient un mélange de curiosité et de colère, qui m'impatientait, et commençait à m'alarmer. Je demandai le chemin de l'auberge ; personne ne répondit. Je marchai en avant ; mais un murmure s'éleva de la foule, qui me suivit et m'entoura jusqu'à ce qu'un homme de mauvaise mine me frappa sur l'épaule et me dit :

– Venez, Monsieur, il faut me suivre chez M. Kirwin pour dire qui vous êtes.

– Qui est-ce que M. Kirwin ? Pourquoi dois-je donner des renseignements sur mon compte ? Ne suis-je pas dans un pays libre ?

– Oui, Monsieur, assez libre pour les honnêtes gens. M. Kirwin est un magistrat auquel vous allez donner des renseignements sur la mort d'un gentleman, qui, la nuit dernière, a été trouvé assassiné.

Je tressaillis à cette réponse ; mais je me remis bientôt. J'étais innocent : il serait facile de le prouver. Je suivis donc mon conducteur en silence, et je fus conduis dans une des meilleures maisons de la ville. J'étais prêt à tomber de fatigue et de faim ; mais, étant entouré de la foule, je pensai qu'il était convenable de rassembler toute ma force afin qu'on n'attribua pas la faiblesse de mon corps à la crainte ou aux remords du crime. Je m'attendais peu alors au malheur qui allait dans quelques moments peser sur moi, et étouffer dans l'horreur et le désespoir toute crainte d'ignominie ou de mort.

Je m'arrête ici, car j'ai besoin de tout mon courage pour me rappeler les événements effrayants que je vais raconter avec exactitude.

Chapitre XXI

Je fus bientôt amené devant un magistrat ; son visage exprimait la bonté ; ses manières le calme et la douceur. Il me regarda, cependant, avec quelque sévérité ; il se tourna ensuite vers mes conducteurs, et demanda quelles étaient les personnes qui paraissaient comme témoins dans cette affaire.

Une demi-douzaine d'hommes, environ, s'avancèrent ; et l'un d'eux, choisi par le magistrat, déposa que, la nuit précédente, étant allé à la pêche avec son fils et son beau-frère, Daniel Nugent, il fut surpris, vers dix heures, par un grand vent du nord qui s'éleva et les força de gagner le rivage. La nuit étant très sombre, parce que la lune n'était pas encore levée, ils n'abordèrent pas dans le port, mais, selon leur habitude, dans une baie à environ deux milles au-dessous. Il marchait le premier, portant une partie des filets, et suivi, à quelque distance, de ses compagnons. En s'avançant le long du rivage, il heurta de son pied contre un obstacle et mesura la terre. Ses compagnons vinrent à son secours ; et, à la lueur de leur lanterne, ils virent qu'il était tombé sur le corps d'un homme qui paraissait mort. Ils supposèrent d'abord que c'était le cadavre de quelque personne qui avait été noyée et jetée par les vagues sur le rivage ; mais, en l'examinant, ils reconnurent que les habits n'étaient pas mouillés, et même que le corps n'était pas encore froid. Ils le portèrent dans la chaumière d'une vieille femme, voisine du lieu où ils se trouvaient, et ils essayèrent inutilement de le rendre à la vie. Le mort paraissait être un beau jeune homme d'environ vingt-cinq ans. Selon toute apparence, il avait été étranglé ; car son corps ne présentait d'autre signe de violence, que des marques noires de doigts sur le cou.

[...] Je fus donc conduit à l'auberge par le magistrat et plusieurs autres officiers. Je ne pus m'empêcher d'être frappé des coïncidences étranges qui avaient eu lieu pendant cette nuit remplie d'événements ; mais, certain d'avoir causé avec plusieurs personnes dans l'île que j'avais habitée à peu près au moment où l'on avait trouvé le corps, je fus parfaitement tranquille sur les conséquences de l'affaire.

J'entrai dans la chambre où le cadavre reposait et je lui fus confronté. Comment décrire ce que j'éprouvai à cet aspect ? Je me sens encore saisi d'horreur, et je ne puis penser à ce moment terrible sans trembler et sans tomber dans un désespoir qui me rappelle faiblement l'angoisse dont je fus saisi en le reconnaissant. Le jugement, la présence du magistrat et des témoins sortirent comme un songe de ma mémoire lorsque je vis Henry Clerval, dont le corps était inanimé et étendu devant moi. Je respirais à peine, je me jetai sur le cadavre en m'écriant :

– Mon cher Henry, mes funestes machinations t'ont-elles aussi privé de la vie ? J'ai déjà immolé deux victimes ; d'autres attendent leur destinée ; mais toi, Clerval, mon ami, mon bienfaiteur...

Les forces humaines ne peuvent supporter longtemps les souffrances cruelles auxquelles je fus en proie. On m'emporta de la chambre dans de fortes convulsions.

Une fièvre succéda à cet état terrible. Je fus deux mois au bord du tombeau ; mon délire, comme on me l'apprit ensuite, était effrayant ; je m'appelais le meurtrier de Guillaume, de Justine et de Clerval. Tantôt je priais ceux qui me gardaient de m'aider à détruire le démon qui était la cause de mon supplice ; tantôt je sentais les doigts du monstre qui saisissaient déjà mon cou et je poussais des cris de douleur et d'effroi. Heureusement, je n'étais compris que de M. Kirwin, qui seul entendait la langue de mon pays, dans laquelle je m'exprimais ; mais mes gestes et mes cris affreux suffisaient pour effrayer les autres témoins.

[...]

Hélas ! J'étais condamné à vivre, et, deux mois après, je me trouvai, comme si je m'éveillais d'un songe, dans une prison, étendu sur un grabat[1], entouré de geôliers, de guichetiers[2], de verrous et du triste appareil d'un donjon. [...]

L'époque des assises[3] approchait. J'étais déjà en prison depuis trois mois ; et, quoique je fusse encore faible, et continuellement exposé à une rechute, je fus obligé de faire près de cent milles pour aller à la ville du comté[4] où la cour se tenait. M. Kirwin voulut bien ne négliger aucuns soins pour recueillir des témoins et préparer ma défense. L'affaire n'étant pas portée devant la cour qui décide de la vie et de la mort, on m'épargna la honte de paraître en public comme un criminel. Le grand jury rejeta le bill[5] aussitôt qu'il eut la preuve que j'étais dans les îles Orknayz à l'heure où l'on trouva le corps de mon ami ; quinze jours après mon arrivée, je sortis de prison.

[...]

Je me souviens qu'en quittant la prison, j'entendis un homme dire :

– Il peut être innocent du meurtre, mais il a certainement une mauvaise conscience.

Ces paroles me frappèrent. Une mauvaise conscience ! Oui, sans doute, elle l'était : Guillaume, Justine et Clerval devaient la mort à mes machinations infernales.

Vocabulaire

1. *Grabat* : lit étroit et de très mauvaise qualité.
2. *Guichetiers* : gardiens chargés d'ouvrir et de fermer les portes et grilles d'une prison.
3. *Assises* : tribunal qui s'occupe des affaires criminelles.
4. *Comté* : division administrative anglo-saxonne.
5. *Le bill* : l'acte d'accusation.

– Et quelle mort, m'écriai-je, mettra fin à ces horreurs ? Ah ! Mon père, ne restez pas dans ce malheureux pays ; traînez-moi dans un lieu où je puisse oublier, moi, mon existence et le monde entier.

Mon père accéda facilement à ce désir ; et, après avoir pris congé de M. Kirwin, nous partîmes pour Dublin. Je me sentis comme soulagé d'un poids affreux lorsque le paquebot s'éloigna de l'Irlande avec un bon vent et que j'eus quitté pour toujours le pays qui avait été pour moi le théâtre de tant de douleurs.

Il était minuit. Mon père dormait dans la cabine et moi j'étais sur le tillac[1] à contempler les étoiles et à écouter le bruit des vagues. [...]

Depuis que j'étais rétabli de la fièvre, j'avais coutume de prendre chaque soir un peu de laudanum[2] ; car ce n'était qu'au moyen de cette potion que je pouvais goûter le repos nécessaire à la conservation de la vie. Accablé par le souvenir de tous mes malheurs, je pris une double dose, et bientôt je m'endormis profondément ; mais le sommeil me fit oublier ma misère ; mes rêves me présentèrent une foule d'objets dont je fus effrayé. Vers le matin, je fus attaqué d'une sorte de cauchemar ; je croyais être saisi par le démon qui me pressait le cou sans que je pusse m'en délivrer ; des gémissements et des cris retentissaient à mes oreilles. Mon père, qui veillait sur moi, vit mon agitation, me réveilla et me montra le port de Holyhead, dans lequel nous entrions.

Chapitre XXII

Nous avions résolu de ne pas aller à Londres, mais de traverser le pays jusqu'à Portsmouth ; et là, de nous embarquer pour le Havre. Le motif principal qui me déterminait à préférer ce plan, c'est que je craignais de revoir ces lieux où j'avais joui de quelques moments

Vocabulaire

1. *Tillac* : pont le plus haut sur un navire.

2. *Laudanum* : remède et somnifère à base d'opium.

de tranquillité avec mon cher Clerval. J'étais surtout saisi d'horreur en pensant que je pourrais rencontrer ces personnes que nous avions coutume de visiter ensemble, et qui me questionneraient sur un événement dont le souvenir même renouvelait l'angoisse dont je fus déchiré en voyant son corps inanimé dans l'auberge de ***.

[...]

Nous arrivâmes au Havre le 8 mai, et nous partîmes sur-le-champ pour Paris, où mon père fut retenu pendant plusieurs semaines par quelques affaires. Je reçus, dans cette ville, la lettre suivante d'Elizabeth.

À Victor Frankenstein.

Mon très cher ami,

J'ai eu le plus grand plaisir en recevant une lettre de mon oncle datée de Paris ; vous n'êtes plus à une distance effrayante, et je puis espérer vous voir dans moins de quinze jours. Mon pauvre cousin, combien vous avez souffert ! Je m'attends à vous trouver l'air encore plus triste que quand vous avez quitté Genève. Cet hiver a été bien pénible : j'étais tourmentée par une incertitude affreuse ; cependant je me flatte que votre physionomie aura plus de calme, et que votre cœur ne manquera ni de consolation, ni de tranquillité.

[...]

Vous avez voyagé ; vous avez passé plusieurs années de votre vie à Ingolstadt ; et je vous l'avoue, mon ami, lorsque je vous vis, l'automne dernier, si malheureux, et fuyant dans la solitude toute société, je n'ai pu m'empêcher de penser que vous redoutiez notre union, et que vous vous regardiez comme engagé d'honneur à répondre aux désirs de vos parents quoiqu'ils s'opposent eux-mêmes à vos inclinations. Ce serait mal raisonner. Je vous avoue, mon cousin, que je vous aime, et que dans mes rêves d'avenir, vous avez toujours occupé une bien grande place. Mais je veux votre bonheur autant que le mien, et je dois déclarer que notre mariage me rendrait éternellement malheureuse s'il n'était pas le résultat d'un choix libre de votre part. À présent même, je pleure en pensant que, accablé comme vous l'êtes par les plus cruelles infortunes, vous pouvez sacrifier à ce qu'on appelle honneur tout espoir de cet amour et de ce bonheur, qui seuls pourraient vous rendre à vous-même. Moi, qui ai pour vous une véritable affection, une affection qui repose sur tant d'intérêt, j'augmenterais vos malheurs en m'opposant à vos désirs ! Ah ! Victor, soyez assuré que votre cousine et compagne a pour vous un amour trop sincère pour que cette idée ne la rende pas malheureuse. Soyez heureux, mon ami ; et, si vous exaucez cette prière, soyez persuadé que rien sur la terre ne pourra interrompre ma tranquillité.

Que cette lettre ne vous afflige pas ; n'y répondez ni demain, ni après-demain, ni même avant votre arrivée, si elle vous cause de la peine. Mon oncle m'enverra des nouvelles de votre santé ; et, lorsque nous nous reverrons, si j'aperçois seulement sur vos lèvres un sourire qui ait pour motif cette lettre ou tout autre objet qui me touche, je n'aurai pas besoin d'autre bonheur.

ELIZABETH LAVENZA
Genève, 18 mai 17**

Cette lettre rappela ce que j'avais oublié depuis quelque temps, la menace du démon : « Je serai avec toi la nuit de ton mariage ! » Telle était ma sentence. Dans cette nuit le démon emploierait tous les moyens pour me détruire, et me priver de cette lueur de bonheur qui promettait de me consoler en partie de mes souffrances. Dans cette nuit, il avait résolu de consommer ses crimes par ma mort. Eh bien ! Tant mieux ; nous engagerions certainement alors un combat affreux : s'il était victorieux, je reposerais en paix, et cesserais d'être soumis à son pouvoir ; s'il était vaincu, je serais libre. Hélas ! Quelle liberté ! Elle serait semblable à celle du paysan qui a vu massacrer sa famille, brûler sa chaumière, et dévaster ses terres. Il erre au hasard, sans asile, sans ressources et solitaire, mais libre. Telle serait ma liberté, si ce n'est que mon Elizabeth était un trésor disputé, hélas ! par l'horreur du remords et du crime qui me poursuivrait jusqu'à la mort.

[...] Il avait fait vœu d'être avec moi la nuit de mon mariage, sans se croire enchaîné par cette menace jusqu'au jour fixé pour ce mariage ; ne m'avait-il pas, en effet, prouvé qu'il n'était pas encore rassasié de sang, en assassinant Clerval aussitôt après qu'il eût prononcé ses menaces ? Mon parti fut pris : si mon union immédiate avec ma cousine devait faire son bonheur ou celui de mon père, je ne retarderais pas d'un seul moment le dessein de mon ennemi contre ma vie.

Dans cet état d'esprit, j'écrivis à Elizabeth. Ma lettre était calme et affectionnée.

Je crains, ma chère amie, disais-je, *qu'il ne nous reste que peu de bonheur sur la terre ; et c'est sur vous que j'ai concentré tout celui dont je pourrai jouir un jour. Chassez vos craintes inutiles ; c'est à vous seule que je consacre ma vie ; votre bonheur est le seul but de mes efforts. J'ai un secret, Elizabeth, un secret affreux ; lorsque vous le connaîtrez, vous serez glacée d'horreur, et alors, loin d'être surprise de ma douleur, vous vous étonnerez seulement que je survive à mes souffrances. Je vous révèlerai ce mystère de douleur et d'effroi le lendemain de votre mariage ; car, mon aimable cousine, il faut qu'il y ait entre nous une confiance entière. Mais jusque-là, je vous en conjure, ne m'en parlez pas, et n'y faites point allusion. Je vous en supplie avec ardeur, et je sais que vous y consentirez.*

Une semaine environ après l'arrivée de la lettre d'Elizabeth, nous retournâmes à Genève. Ma cousine m'accueillit avec une tendre affection ; mais elle ne put retenir ses larmes, en voyant la maigreur de mon corps et la pâleur de mes joues. Je fus aussi frappé d'un changement dans sa personne. Elle avait perdu de son embonpoint[1],

Vocabulaire

1. *Embonpoint* : surcharge pondérale, corpulence.

et de cette aimable vivacité qui m'avait auparavant charmé ; mais sa douceur et ses regards pleins de compassion la rendaient plus propre à devenir la compagne d'un être malheureux et accablé comme je l'étais. Cette tranquillité ne fut pas de longue durée. Mes souvenirs portaient le trouble dans mon esprit ; et en pensant aux événements passés, je tombais dans une véritable démence ; tantôt j'étais furieux et écumant de rage ; tantôt calme et abattu. Je ne disais et ne distinguais rien, et je restais sans mouvement, étourdi par la multitude de chagrins qui m'accablaient.

Elizabeth seule avait le pouvoir de me tirer de ces accès ; sa douce voix me calmait lorsque j'étais transporté de fureur, et m'inspirait des sentiments humains lorsque je tombais dans l'anéantissement. Elle pleurait avec moi et pour moi. Dès que je revenais à la maison, elle me faisait des remontrances, et tâchait de me porter à la résignation. Ah ! Le malheureux peut se résigner ; mais le coupable ne peut goûter de repos. Les remords empoisonnent le plaisir qu'on pourrait trouver à s'abandonner à l'excès du chagrin.

Bientôt après mon arrivée, mon père parla de mon prochain mariage avec ma cousine.

[...] Je convins donc, avec mon père, d'un air content et même gai, que, si ma cousine y consentait, la cérémonie aurait lieu dans dix jours, et mettrait ainsi, comme je l'imaginais, le sceau à ma destinée.

Grand Dieu ! Si j'avais pensé un instant à l'intention infernale qui animait le démon, je me serais exilé pour toujours de ma patrie, et j'aurais erré sur la terre, repoussé et sans ami, plutôt que de consentir à ce malheureux mariage. Mais, comme par un pouvoir magique, le monstre m'avait aveuglé sur ses véritables intentions ; et lorsque je croyais ne préparer que ma mort, je hâtais celle d'une victime bien plus chère.

[...]

On fit les préparatifs pour la cérémonie ; nous reçûmes les visites de félicitation, et tout prit un aspect riant. J'éloignais de mon cœur, autant que possible, l'inquiétude qui s'en emparait, et j'entrais, avec une ardeur apparente, dans les plans de mon père, qui n'étaient cependant que la décoration de la tragédie dont j'étais le héros. On acheta une maison près de Cologny, où nous pourrions jouir des plaisirs de la campagne. Cette habitation était en même temps assez près de Genève pour nous permettre de voir tous les jours mon père, qui voulait encore demeurer dans la ville à cause d'Ernest, dont les études devaient être suivies.

En même temps je pris toutes les précautions pour me défendre, dans le cas où le démon m'attaquerait ouvertement. Je portais constamment avec moi des pistolets et un poignard, et j'étais toujours sur mes gardes en cas de surprise ; de cette manière, je devins plus tranquille. Je dois dire aussi que l'approche du moment contribuait à cette tranquillité : la menace ne me parut plus qu'une illusion qui n'était pas de nature à troubler mon repos, tandis que le bonheur, dont mon mariage me donnait l'espoir, présentait une plus grande apparence de certitude à mesure que nous approchions du jour fixé pour le célébrer. J'entendais continuellement parler de notre union, comme d'un heureux événement auquel rien ne pourrait s'opposer.

Elizabeth paraissait heureuse ; ma tranquillité extérieure contribuait fortement à calmer son esprit ; mais, le jour où je devais accomplir mes vœux et ma destinée, elle fut mélancolique et saisie d'un pressentiment douloureux ; peut-être aussi pensait-elle au secret affreux que j'avais promis de lui révéler le lendemain. Cependant mon père était dans l'enchantement et occupé des préparatifs ; il ne voyait dans la tristesse de sa nièce que la timidité d'une nouvelle mariée.

Après la cérémonie, beaucoup de monde se rassembla chez mon père ; mais il fut convenu qu'Elizabeth et moi nous passerions l'après-midi et la nuit à Évian, et que nous retournerions à Cologny le lendemain matin. Le temps était beau et le vent favorable ; nous résolûmes d'aller par eau.

Ces moments furent les derniers de ma vie où je connus quelque bonheur. [...]

Chapitre XXIII

Il était huit heures lorsque nous mîmes pied à terre ; nous nous promenâmes quelque temps sur le bord du lac, en jouissant de l'éclat fugitif du jour ; et même en nous dirigeant vers l'auberge, nous contemplions la vue agréable des eaux, des bois, et des montagnes obscurcies par les ténèbres mais déployant encore leurs noirs sommets.

En ce moment, le vent changea du sud à l'ouest, et souffla avec une grande violence. [...] Tout à coup l'orage s'annonça par un torrent de pluie.

J'avais été calme pendant le jour ; mais, dès que la nuit obscurcit la vue des objets, mille craintes s'élevèrent dans mon esprit. Plein d'inquiétude, je me tins sur la défensive ; je saisis de la main droite un pistolet caché dans mon sein ; j'étais effrayé du moindre bruit, mais déterminé à vendre chèrement ma vie et à ne mettre fin au combat qu'après l'avoir perdue ou l'avoir arrachée à mon adversaire.

Elizabeth observa quelque temps mon agitation dans un silence timide et craintif ; elle dit enfin :

– Qui peut ainsi vous agiter, mon cher Victor ? Que craignez-vous ?

– Ah ! paix ! paix ! mon amie, répliquai-je ; encore cette nuit, et tout sera sauvé ; mais cette nuit est affreuse, horrible !

Je passai une heure dans cet état, lorsque tout à coup je réfléchis combien le combat, auquel je m'attendais à tout moment, serait pénible pour ma femme ; je l'engageai avec les plus vives instances à se retirer, décidé à ne la rejoindre qu'après que j'aurais obtenu quelque renseignement sur la situation de mon ennemi.

Elle me quitta. Je restai quelque temps à parcourir les corridors de la maison, et à visiter le plus petit coin qui aurait pu servir de retraite à mon ennemi ; mais je ne découvris aucune trace, et je commençais à croire qu'un heureux hasard avait mis obstacle à l'exécution de ses menaces, lorsque tout à coup j'entendis un cri aigu et horrible. Il partait de la chambre où Elizabeth s'était retirée. Dans ce moment, toute la réalité s'offrit à mon esprit ; mes bras tombèrent, le mouvement de mes muscles et de mes fibres fut suspendu ; je sentis mon sang couler goutte à goutte dans mes veines et bouillonner à l'extrémité de mes membres. Cet état ne dura qu'un instant ; le cri se répéta... ; je me précipitai dans la chambre.

Grand Dieu ! Pourquoi n'expirai-je pas alors ? Pourquoi suis-je ici à raconter l'anéantissement de mes plus douces espérances et de la créature la plus pure qui existât sur la terre ? Elle était sans vie et inanimée, jetée en travers du lit, la tête renversée, la figure pâle, décomposée et à moitié couverte par ses cheveux. De quelque côté que je me tourne, je vois la même figure ; ses bras et son corps de la pâleur de la mort étaient jetés par l'assassin sur la couche nuptiale comme dans une bière[1] funèbre. Ai-je pu voir ce spectacle, et vivre ? Hélas ! La vie est opiniâtre, et s'attache davantage à celui qui la hait le plus. Un moment seulement j'en perdis le souvenir : je m'évanouis.

Lorsque je repris connaissance, je me trouvai entouré des gens de l'auberge ; leurs physionomies exprimaient la terreur la plus vive : mais l'horreur des autres ne paraissait qu'une lueur, qu'une ombre des sentiments qui m'oppressaient. Je me dégageai des personnes qui étaient auprès de moi, pour courir à la chambre où était le corps d'Elizabeth, de mon amante, de ma femme, qui vivait il n'y a qu'un moment, si aimée et si digne de l'être. On avait changé la position dans laquelle je l'avais vue d'abord ; dans ce moment, elle était étendue, la tête appuyée sur son bras, un mouchoir jeté sur sa figure et son col, et telle que j'aurais pu la croire endormie. Je m'élançai sur elle ; je la couvris de baisers ; mais la mort avait glacé ses membres, et leur langueur ne m'apprenait que trop que ce que je tenais alors dans mes bras avait cessé d'être mon Elizabeth, celle que j'avais aimée

Vocabulaire
1. *Une bière* : un cercueil.

et chérie. La marque meurtrière de la main du démon était sur son col, et le souffle ne pouvait plus être recueilli sur ses lèvres.

Pendant que, dans l'agonie du désespoir, j'étais encore penché sur elle, je levai les yeux par hasard. La chambre, qui auparavant était obscure, était en ce moment éclairée par la lueur pâle et jaune de la lune : je fus saisi d'une espèce de terreur panique en apercevant cette lumière. Les volets étaient ouverts ; et, dans une sensation impossible à décrire, je vis au milieu de la fenêtre, une figure… Ah ! La plus hideuse et la plus détestée. Un rire affreux agitait le visage du Monstre. C'était lui : il semblait me railler[1] en me montrant de son doigt infernal le corps de ma femme. Je m'élançai vers la fenêtre, en faisant feu d'un pistolet que je tirai de mon sein[2] ; mais il esquiva le coup, prit la fuite, courut avec la rapidité de l'éclair, et plongea dans le lac.

Le bruit du pistolet attira du monde dans la chambre. Je désignai l'endroit où il avait disparu ; nous suivîmes la trace avec des bateaux ; on jeta des filets, mais ce fut en vain. Au bout de quelques heures, nous revînmes sans espoir. La plupart de mes compagnons étaient persuadés qu'ils avaient couru après un fantôme de mon imagination. À peine avaient-ils débarqué, qu'ils se mirent à battre le pays, se partageant en bandes qui suivirent différentes directions, les unes dans les bois, les autres dans les vignes.

Je ne me joignis pas à eux ; j'étais épuisé : un nuage couvrait mes yeux et ma peau était desséchée par la chaleur de la fièvre. Dans cet état, je me jetai sur un lit, sans savoir à peine ce qui était arrivé ; mes yeux erraient autour de la chambre, comme pour chercher quelque chose que j'avais perdu.

Enfin, je me souvins que mon père attendrait avec inquiétude le retour de ses deux enfants, et que je devais revenir seul. Ce souvenir remplit mes yeux de larmes : je pleurai longtemps ; mais je portai ma pensée sur différents objets, sur mes malheurs et sur leur cause. La

Vocabulaire

1. *Me railler* : se moquer de moi.
2. *De mon sein* : de ma poche intérieure.

mort de Guillaume, le supplice de Justine, le meurtre de Clerval, et en dernier lieu celui de ma femme, m'accablaient d'étonnement et d'horreur. Dans ce moment même, je ne savais pas si les seuls amis qui me restaient seraient à l'abri de la perversité du démon ; peut-être même mon père expirait-il maintenant sous sa main ! Peut-être Ernest était-il étendu mort à ses pieds ! Cette idée me fit frémir, et me ranima. Je me levai, décidé à retourner à Genève aussi promptement que possible.

On ne put me procurer des chevaux ; je fus forcé de revenir par le lac ; mais le vent n'était pas favorable, et la pluie tombait par torrents. Cependant le jour commençait à peine à paraître, et je pouvais raisonnablement espérer que j'arriverais le soir.

[...]

Mais pourquoi m'arrêterais-je sur les incidents qui suivirent ce dernier et cruel événement ? Mon histoire est un tissu d'horreurs ; la mesure en est comblée ; et ce que j'ai encore à vous raconter, ne saurait être qu'ennuyeux pour vous. Sachez que mes amis m'ont été enlevés l'un après l'autre : je suis resté seul... Mes forces s'épuisent, et je dirai en peu de mots la fin de mon atroce récit.

J'arrivai à Genève. Mon père et Ernest vivaient encore ; mais le premier succomba en apprenant la nouvelle que je lui annonçai. Je le vois encore ce vieillard excellent et vénérable ! Ses yeux étaient égarés : il avait perdu celle qui en était le charme et le bonheur... Sa nièce, pour qui il avait une affection plus que paternelle, sur laquelle il avait porté toute sa tendresse, comme un homme qui, au déclin de la vie, conserve peu d'affections et ne s'attache que plus fortement à celles qui lui restent. Maudit, maudit soit le démon qui appela le malheur sur ses cheveux blancs, et le condamna à mourir de douleur ! Il ne put soutenir les horreurs qui s'accumulèrent autour de lui ; il fut saisi d'une attaque d'apoplexie[1], et mourut dans mes bras peu de jours après.

Vocabulaire

1. *Apoplexie* : arrêt brusque des fonctions cérébrales.

Je ne sais ce que je devins alors ; je perdis les sens ; je ne connus plus que les chaînes et l'obscurité. Quelquefois, il est vrai, je croyais errer dans des prés fleuris et de riantes vallées avec les amis de ma jeunesse ; mais, à mon réveil, je me trouvais dans un donjon. La mélancolie succéda à cette disposition ; mais par degrés je parvins à distinguer mes douleurs et ma situation, et je fus alors relâché de prison ; car j'avais passé pour fou ; et, pendant plusieurs mois, comme on me l'apprit, je n'avais eu d'autre habitation qu'une cellule solitaire.

Mais la liberté eût été pour moi un don inutile, si mon retour à la raison n'eût en même temps excité ma vengeance. Assiégé continuellement du souvenir de mes infortunes passées, je commençai à réfléchir sur leur cause… sur le monstre que j'avais créé, ce misérable démon que j'avais jeté sur la terre pour ma perte. J'étais animé d'un transport de rage en pensant à lui, et j'aurais voulu le tenir entre mes mains pour accomplir sur sa tête exécrable une vengeance complète et signalée.

Ma haine ne se borna pas longtemps à des désirs inutiles. Je me mis à chercher les meilleurs moyens de l'atteindre ; et dans ce but, un mois environ après ma mise en liberté, j'allai trouver un juge criminel de la ville ; je lui déclarai que j'avais une accusation à faire ; que je connaissais le destructeur de ma famille ; et je finis en le priant d'user de toute son autorité pour que le meurtrier fût livré entre ses mains.

Le magistrat m'écouta avec attention et bonté […]. Je racontai alors mon histoire en peu de mots, mais avec fermeté et précision, désignant les dates avec soin, et ne tombant jamais dans les invectives ou les exclamations.

Le magistrat paraissait d'abord tout à fait incrédule, mais ensuite il devint plus attentif, et parut y prendre plus d'intérêt. Je le vis tantôt frémir d'horreur, tantôt exprimer une vive surprise mêlée de doute.

Je terminai mon récit en lui disant :

– Voici l'être que j'accuse, et pour la découverte, pour la punition duquel je vous prie d'exercer tout votre pouvoir. C'est votre devoir comme magistrat ; homme seulement, je crois et j'espère qu'en cette occasion vous ne serez pas révolté d'avoir à le remplir.

Cette demande changea presque entièrement la physionomie de mon auditeur. Il avait écouté mon histoire avec cette espèce de foi qu'on accorde à un conte d'esprits ou à un récit d'événements surnaturels ; mais lorsqu'il fut sommé d'agir officiellement en conséquence, il reprit toute son incrédulité. Cependant il répondit avec douceur :

– Je vous donnerai volontiers tous les secours possibles pour vous aider dans votre poursuite ; mais la créature dont vous parlez paraît avoir une puissance qui mettrait en défaut tous mes efforts. Qui pourrait suivre un animal capable de traverser la mer de glace et d'habiter des cavernes et des antres[1] où aucun homme n'oserait entrer ? D'ailleurs, plusieurs mois se sont écoulés depuis qu'il a commis ses crimes : qui peut présumer la direction qu'il a suivie, ou le pays qu'il habite ?

– Je ne doute pas qu'il ne se tienne près du lieu que j'habite ; et, s'il s'est réellement réfugié dans les Alpes, on peut le chasser comme le chamois, et le détruire comme une bête féroce ; mais je pénètre vos pensées : vous ne croyez pas à mon récit, et vous refusez d'infliger à mon ennemi le châtiment qu'il mérite.

Pendant que je parlais, la rage étincelait dans mes yeux ; le magistrat fut intimidé :

– Vous vous trompez, dit-il, je ferai tous mes efforts ; et s'il est en mon pouvoir d'arrêter le monstre, soyez assuré qu'il subira un châtiment proportionné à ses crimes. Mais je crains, d'après la description que vous m'avez faite vous-même de ses qualités, que cela ne soit impraticable ; je crains même qu'au moment où l'on prendra

Vocabulaire

1. *Antres* : cavités naturelles.

toutes les mesures nécessaires, vous ne deviez vous attendre à voir vos espérances déçues.

– Je n'y puis consentir ; mais tout ce que je dirais est de peu d'utilité. La vengeance n'est d'aucun intérêt pour vous ; elle peut être criminelle ; mais j'avoue que c'est la passion, l'unique passion qui dévore mon âme. Je ne saurais exprimer ma rage en songeant que le meurtrier, que j'ai jeté dans la société, existe encore. Vous repoussez ma juste demande. Je n'ai plus qu'une ressource ; à la vie et à la mort, je me dévoue moi-même pour l'exterminer.

En parlant ainsi, j'éprouvais une agitation telle, que je tremblais de tous mes membres : il y avait de la frénésie dans mon air, et sans doute aussi de cette fierté sublime dont les anciens martyrs étaient, dit-on, animés ; mais pour un magistrat genevois, dont l'esprit était occupé d'idées bien éloignées du dévouement et de l'héroïsme, cette élévation eut toute l'apparence de la folie. Il tâcha de me calmer de même qu'une nourrice cherche à apaiser un enfant, et il considéra mon récit comme l'effet du délire.

– Homme, m'écriai-je, tu as beau t'enorgueillir de ta sagesse, tu n'en es pas moins ignorant ! C'en est assez ; vous ne savez ce que vous dites.

Je sortis de la maison dans le trouble et la colère, et je me retirai pour méditer sur ce que je ferais.

Chapitre XXIV

La situation de mon esprit était telle, que je ne fus plus maître d'aucune pensée. J'étais animé par la fureur ; la vengeance seule me donnait des forces et du calme ; elle tempérait mes sentiments, et me permettait d'être modéré et réfléchi dans les moments où je n'aurais eu recours qu'au délire ou à la mort.

Ma première résolution fut de quitter Genève à jamais ; mon pays, qui m'était si cher aux jours de mon bonheur et de mes affections, me devint odieux dans mon adversité. Je pris une somme d'argent avec quelques bijoux qui avaient appartenu à mon père, et je partis.

De ce moment ont commencé mes courses, qui ne finiront qu'avec ma vie. J'ai parcouru une grande partie de la terre, et j'ai supporté toutes les fatigues auxquelles les voyageurs ont l'habitude d'être exposés dans les déserts et les pays barbares. Je sais à peine comment j'ai vécu ; souvent j'ai étendu sur le sable mes membres affaiblis, et j'ai invoqué la mort ; mais j'ai vécu pour la vengeance ; je n'osais mourir et laisser la vie à mon adversaire.

En quittant Genève, mon premier soin fut de chercher la trace de mon infernal ennemi ; mais mon plan fut dérangé ; et j'errai plusieurs heures autour de la ville, incertain de la route que je suivrais. À l'approche de la nuit, je me trouvai à la porte du cimetière où reposaient Guillaume, Elizabeth et mon père. Je franchis la porte, et je m'avançai vers leurs tombeaux. Tout était silencieux, hors les feuilles des arbres, qui étaient légèrement agitées par le vent ; la soirée était sombre, et la scène eût été solennelle et touchante, même pour un observateur désintéressé. Les esprits des morts semblaient voltiger autour de leurs tombes et jeter autour de la tête de celui qui venait pleurer sur leurs cendres une ombre qui était sentie sans être vue.

Le profond chagrin que m'avait d'abord inspiré cette scène fit bientôt place à la rage et au désespoir. Ils étaient morts, et je vivais ; leur meurtrier vivait aussi, et c'était pour le détruire que je traînais mon existence odieuse. Je m'agenouillai sur le gazon ; je baisai la terre qui recouvrait leurs cendres, et les lèvres tremblantes je m'écriai :

– Par la terre sacrée sur laquelle je suis agenouillé, par les ombres qui errent auprès de moi, par le chagrin profond et éternel que j'éprouve, par toi, nuit, par les esprits qui président à ton cours, je jure de poursuivre le démon, auteur de tous ces maux, jusqu'à ce que l'un de nous soit anéanti dans la lutte que nous engagerons. C'est dans ce but que je conserverai ma vie : je verrai encore l'éclat du soleil, je foulerai encore la verdure de la terre, mais pour satisfaire cette vengeance si douce, et sans laquelle je n'assisterais plus au spectacle de la nature. J'invoque votre secours, esprits des morts ; et vous, ministres errants de vengeance, dirigez-moi dans mon entreprise. Que le monstre exécrable boive à longs traits dans la coupe de la douleur, qu'il connaisse le désespoir auquel je suis en proie maintenant !

J'avais commencé mon invocation avec solennité, et un respect qui m'assurait presque que les ombres de mes amis assassinés entendaient et approuvaient mon vœu. Mais en terminant j'étais animé par la fureur, et la rage me faisait élever la voix.

Un rire violent et infernal fut la réponse que je reçus au milieu du silence de la nuit. Il retentit longtemps et avec force à mon oreille ; les montagnes le répétèrent, et je crus que tout l'enfer m'entourait pour me railler et m'insulter. Sans doute en ce moment j'aurais été animé par la frénésie, et j'aurais mis fin à ma déplorable existence, si mon vœu n'eût été entendu, et si je ne me fusse réservé pour la vengeance. J'oubliais le rire qui m'avait frappé, lorsqu'une voix bien connue et détestée, qui me paraissait être tout près de mon oreille, prononça distinctement ces paroles :

– Je suis satisfait, misérable ! Tu te résous à vivre, et je suis satisfait.

Je m'élançai vers l'endroit d'où partait la voix ; mais le démon m'échappa. Tout à coup le large disque de la lune s'éleva et éclaira complètement le corps hideux et difforme du monstre qui fuyait avec une rapidité surnaturelle.

Je le poursuivis, et pendant plusieurs mois je n'ai point eu d'autre occupation. Guidé par de vagues renseignements, j'ai suivi les détours du Rhin sans le rencontrer. J'arrivai sur les bords de la Méditerranée ; et, par un hasard étrange, je vis le démon entrer pendant la nuit et se cacher dans un vaisseau destiné pour la mer Noire. Je pris passage sur le même navire ; mais il échappa, je ne sais comment.

Au milieu des déserts de la Tartarie et de la Russie, je n'ai pu l'atteindre, mais j'ai toujours suivi ses traces. [...]

Je ne sais quelles étaient les sensations de celui que je poursuivais. Quelquefois il laissait des marques de son passage, en écrivant sur l'écorce des arbres ou en gravant sur la pierre, dans la vue de me guider et d'exciter ma fureur. Je lus ces mots dans une de ces inscriptions :

– Mon règne n'est pas encore fini ; tu vis, et mon pouvoir est complet. Suis-moi ; je me dirige vers les glaces éternelles du nord, où tu éprouveras la rigueur du froid auquel je suis insensible. Tu trouveras près de ce lieu, si tu n'arrives pas trop tard, un lièvre mort ; mange, et rafraîchis-toi. Avance, mon ennemi, nous avons encore à nous disputer la vie ; mais tu passeras bien des moments durs et cruels, avant que cet instant ne soit venu.

[…]

En poursuivant toujours mon voyage vers le nord, les neiges s'épaissirent, et le froid s'accrut à un degré beaucoup trop élevé pour que je pusse le supporter. […]

Le triomphe de mon ennemi doubla avec la difficulté de mes travaux. Une inscription qu'il laissa était conçue en ces termes :

– Prépare-toi ! Tes fatigues ne font que commencer. Enveloppe-toi de fourrures et fais provision de vivres, car nous allons bientôt entreprendre un voyage où tes souffrances satisferont ma haine éternelle.

Loin de céder à ces paroles dérisoires, je me fortifiais dans mon courage et ma persévérance. […]

Quelques semaines avant ce temps, j'avais acheté un traîneau et des chiens, à l'aide desquels je traversais les neiges avec une inconcevable rapidité. Je ne sais si le démon avait le même avantage, mais je m'aperçus que je gagnais alors sur lui tous les jours autant de terrain que j'en avais perdu auparavant dans sa poursuite.

J'allais même si vite, qu'au moment où je vis l'Océan, il n'avait plus qu'un jour d'avance, et que j'avais l'espoir de l'atteindre avant qu'il n'arrivât au rivage. […]

J'échangeai mon traîneau de terre pour un autre propre aux inégalités des glaces de l'Océan ; je pris une abondante provision de vivres, et je partis de terre.

[...]

Mais, au moment où je croyais être sur le point d'atteindre mon ennemi, mes espérances furent tout à coup déçues, et je perdis sa trace plus que jamais. J'entendis un craquement dans la mer ; ce bruit, qui croissait à mesure que les eaux roulaient et grossissaient sous moi, devenait à tout moment plus menaçant et plus terrible. J'avançai, mais en vain. Le vent s'éleva ; la mer rugit ; et, semblable à un fort tremblement de terre, se fendit et éclata avec un bruit affreux et effrayant. Tout fut bientôt fini : en peu de minutes, une mer agitée me sépara de mon ennemi ; et je fus balloté sur un morceau de glace qui diminuait continuellement et me préparait ainsi la mort la plus affreuse.

Pendant plusieurs heures, je fus en proie à cette crainte : je perdis la plupart de mes chiens ; et j'étais moi-même au moment de succomber à tant de détresse, lorsque je vis votre vaisseau qui était à l'ancre et qui me donna l'espoir d'obtenir du secours et de conserver ma vie. J'étais loin de penser que des navires fussent venus aussi loin au nord, et je fus étonné d'en voir un. Je défis aussitôt une partie de mon traîneau et je m'en servis en guise de rames ; de cette manière je pus, avec une fatigue infinie, diriger mon radeau vers votre vaisseau. J'étais décidé, si vous alliez vers le sud, à me livrer encore à la merci des mers, plutôt que d'abandonner mon projet. J'espérais vous engager à me céder une barque au moyen de laquelle je pusse encore poursuivre mon ennemi ; mais vous vous dirigiez vers le nord. Vous me prîtes à bord au moment où mes forces étaient épuisées, au moment où j'allais périr de l'excès de mes fatigues : mais je crains encore la mort... Car ma mission n'est pas terminée.

Ah ! Quand donc serai-je conduit vers le démon par le génie qui me guide ? Quand donc me laissera-t-il goûter le repos que je désire si vivement ? Ou bien, faut-il que je meure, et qu'il survive ? Si je meurs,

Walton, jurez-moi qu'il n'échappera pas, que vous le chercherez, que vous satisferez ma vengeance par sa mort. Et quoi ? J'ose vous demander d'entreprendre mon pèlerinage, d'essuyer les fatigues que j'ai souffertes ? Non, je ne suis pas aussi égoïste. Cependant, après ma mort, s'il paraissait, si les ministres de vengeance le conduisaient à vous, jurez qu'il ne survivra pas… Jurez qu'il ne triomphera pas de mes malheurs accumulés et ne vivra pas pour rendre un autre aussi malheureux que moi. Il est éloquent et persuasif, et ses paroles eurent même une fois du pouvoir sur mon cœur ; mais ne vous fiez pas à lui : son âme est aussi infernale que sa forme exprime sa perfidie et sa perversité surhumaines. Ne l'écoutez pas, invoquez les noms de Guillaume, de Justine, de Clerval, d'Elizabeth, de mon père, celui du malheureux Victor, et plongez votre épée dans son cœur. Je serai prêt de vous, et je dirigerai votre fer.

Suite, par Walton

*26 août 17***

Vous avez lu, ma sœur, cette histoire étrange et effrayante. Ne sentez-vous pas votre sang glacé par une horreur qui, même en ce moment, arrête le mien dans mes veines ? Quelquefois il était saisi subitement par la douleur et il ne pouvait continuer son récit : de temps en temps, sa voix brisée, mais perçante, prononçait avec difficulté ces paroles si pleines de désespoir. Ses yeux doux et beaux étaient tantôt animés par l'indignation, tantôt abattus par le chagrin, et éteints par la force du malheur. Quelquefois il maîtrisait sa physionomie et ses expressions, et il racontait les événements les plus terribles d'une voix tranquille, sans aucune marque d'agitation ; mais tout à coup, semblable au volcan qui s'entrouvre, il animait son visage par l'expression de la rage la plus farouche, et il vomissait des imprécations contre son persécuteur.

Son récit s'enchaîne, et il le fait avec l'air de la vérité la plus simple ; cependant, j'avoue que les lettres de Félix et de Safie qu'il me montra, et l'apparition du Monstre, que nous avons vu de notre vaisseau, m'ont plus convaincu de la vérité de son récit que ses assertions[1] vives et bien enchaînées. Ainsi, un fait constant, un fait dont je ne puis douter, c'est que le Monstre existe réellement ; mais je ne puis revenir de ma surprise et de mon admiration. Quelquefois je tâchais d'obtenir de Frankenstein des détails sur la formation d'une semblable créature ; mais, sur ce point, il était impénétrable.

– Êtes-vous fou, mon ami ? disait-il. Où vous mène une curiosité irréfléchie ? Voudriez-vous aussi créer un ennemi infernal pour vous-même et pour le monde ? Car enfin, quel est le but de vos questions ? Paix ! Paix ! Apprenez mes malheurs, et ne cherchez pas à augmenter les vôtres.

Frankenstein s'aperçut que je prenais des notes sur son histoire ; il demanda à les voir, les corrigea lui-même, et y ajouta en plusieurs endroits, pour donner de la vie et de la force aux conversations qu'il avait avec son ennemi.

– Puisque vous avez conservé mon récit, disait-il, je ne voudrais pas qu'il fût transmis incomplet à la postérité.

J'ai passé ainsi une semaine à écouter l'histoire la plus étrange que l'imagination ait jamais inventée. [...]

Nos conversations ne sont pas toujours bornées à son histoire et à ses malheurs. Dans tous les genres de littérature, en général, il montre des connaissances profondes et un jugement rapide et sûr. Son éloquence est forte et touchante ; je ne puis l'entendre sans pleurer, lorsqu'il raconte un événement affligeant, ou qu'il veut mettre en mouvement les sentiments de la pitié ou de l'amour. Combien un tel homme devait être admirable dans ses jours de prospérité,

Vocabulaire

1. *Assertions* : affirmations.

puisqu'il est si noble et si grand dans son infortune ! Il semble sentir son propre mérite et la grandeur de sa chute.

[...]

Faut-il donc que je perde cet homme admirable ? J'ai longtemps désiré un ami ; j'ai cherché un homme qui pût m'aimer et sympathiser avec moi. Vois ; j'en ai trouvé un sur ces mers désertes ; mais je crains de ne l'avoir connu que pour apprendre à l'apprécier et le perdre. Je voudrais lui faire aimer encore la vie, mais il repousse cette idée.

– Je vous remercie, Walton, disait-il, de vos bonnes intentions pour un malheureux comme moi ; mais, en me parlant de nouveaux liens et de nouvelles affections, croyez-vous qu'il y en ait qui puissent tenir lieu de ceux qui ne sont plus ? Quel homme remplacerait Clerval auprès de moi ? Ou quelle femme pourrait me tenir lieu d'Elizabeth ? Et même, à moins que les affections ne soient fortement excitées par un attachement plus grand, les compagnons de notre enfance possèdent toujours sur nos esprits un certain pouvoir qu'un nouvel ami peut à peine obtenir. Ils connaissent les goûts de notre enfance, ces goûts que le temps peut modifier mais qu'il n'enlève jamais ; et ils peuvent juger de nos actions d'une manière plus sûre, en connaissant nos véritables intentions. Une sœur ou un frère ne peuvent jamais, à moins que les symptômes ne s'en montrent de bonne heure, se soupçonner de perfidie ou de mensonge, tandis qu'un ami, quel que soit son attachement, peut, malgré lui, éprouver des soupçons. Les amis que j'ai perdus m'étaient chers non seulement par l'habitude et le charme de leur société, mais aussi par leurs qualités personnelles ; et, dans quelque lieu que je sois, la voix douce de mon Elizabeth et la conversation de Clerval retentiront toujours à mon oreille. Ils sont morts ; et, dans la solitude où me laisse leur mort, il n'est qu'un sentiment qui puisse me donner le courage de conserver ma vie. Si j'étais engagé dans une grande entreprise ou dans un projet dont l'utilité pût s'étendre sur mes semblables, je pourrais vivre pour l'exécuter ; mais telle n'est pas ma destinée ; je dois poursuivre et détruire l'être à qui j'ai donné l'existence. Alors, mais seulement alors, ma tâche sur la terre sera accomplie, et je pourrai mourir.

2 septembre

Ma bien-aimée sœur,

Je vous écris, entouré de périls, et sans savoir si je suis condamné à ne plus revoir la chère Angleterre et les amis encore plus chers qui l'habitent. Je suis entouré de montagnes de glace qui ne présentent aucune issue et menacent à chaque moment d'engloutir mon vaisseau. Les braves marins que j'ai engagés à m'accompagner, trouvent du courage en me regardant ; mais je n'ai personne pour m'en donner. Notre situation est vraiment très effrayante ; cependant, mon courage et mes espérances ne m'abandonnent pas. Nous pouvons survivre ; s'il n'en est pas ainsi, je répèterai les leçons de mon Sénèque[1], et je mourrai de bon cœur.

Mais quel sera l'état de votre esprit, Marguerite ? Vous n'entendrez pas parler de ma mort, et vous attendrez mon retour avec inquiétude. Les années s'écouleront, et vous serez tourmentée par des alternatives de désespoir et d'espérance. Oh ! Ma chère sœur, les tourments qu'éprouvera votre cœur, dans une attente peut-être vaine, me paraissent plus terribles que la mort ; mais vous avez un époux et d'aimables enfants ; vous pouvez être heureuse : que le ciel répande sur vous ses bénédictions !

Mon malheureux hôte me regarde avec la plus tendre compassion. Il tâche de me donner de l'espoir ; il parle comme si la vie était un bien qu'il estime. Il me rappelle que les navigateurs, qui se sont exposés avant moi sur cette mer, ont souvent eu à craindre les mêmes dangers ; et, en dépit de moi-même, il me remplit d'heureux

Nom propre
1. *Sénèque* : philosophe, dramaturge et homme d'État romain (4 av. J.-C.-65 apr. J.-C.).

augures. Les matelots mêmes sentent le pouvoir de son éloquence : lorsqu'il parle, ils reprennent courage ; il ranime leur énergie ; et, en entendant sa voix, ils croient que ces vastes montagnes de glace sont des môles[1] qui pourront s'évanouir et céder aux résolutions de l'homme. Ces sentiments sont passagers ; leur attente étant chaque jour retardée, ils passent de l'espoir à la crainte, et de la crainte au désespoir. J'ai bien peur que cela ne finisse par une mutinerie.

5 septembre

Il vient de se passer une scène d'un intérêt si peu commun, que je ne puis résister au désir de la rapporter, quoiqu'il soit très probable que ces papiers ne vous parviendront jamais.

Nous sommes encore entourés de montagnes de glace, et sans cesse en danger d'être engloutis au premier choc. Le froid est excessif ; et plusieurs de mes malheureux compagnons ont déjà trouvé leur tombeau au milieu de cette scène de désolation. La santé de Frankenstein dépérit de jour en jour : le feu de la fièvre brille encore dans ses yeux ; mais il est épuisé, et, lorsque tout à coup il a fait quelqu'effort, il retombe aussitôt et semble privé de la vie.

Je vous ai annoncé dans ma dernière lettre que je redoutais une mutinerie. Ce matin, j'étais à observer le visage pâle de mon ami, ses yeux à moitié fermés et ses membres languissants, quand je fus détourné de ce spectacle par un groupe de matelots qui désiraient entrer dans la cabine. Ils entrèrent, et leur chef m'adressa la parole. Il me dit que lui et ses compagnons avaient été choisis par les autres matelots pour venir en députation[2] auprès de moi et me faire une demande qu'en toute justice je ne pouvais refuser. Il ajoutait que nous étions enfermés dans la glace, et qu'il était à croire que nous n'en sortirions jamais ; mais toute leur crainte était que, si par hasard la glace venait à se séparer et à laisser un passage libre, je ne fusse

Vocabulaire

1. *Môles* : constructions massives.

2. *En députation* : en délégation ; chargés d'une mission.

assez téméraire pour continuer mon voyage et les conduire à de nouveaux dangers après qu'ils auraient heureusement surmonté celui-ci. Ils désiraient donc que je fisse la promesse solennelle que, si le vaisseau était dégagé, je dirigerais aussitôt ma course vers le sud.

Ce discours me troubla. Je n'avais pas perdu tout espoir, et je n'avais pas encore conçu l'idée de retourner sur mes pas si j'étais délivré. Cependant, pouvais-je justement, ou même physiquement, m'opposer à cette demande ? [...]

Je ne sais quelle sera la fin de tout ceci ; mais je préfère la mort à la honte de revenir sans avoir exécuté mon projet. Cependant je crains d'y être forcé ; des hommes qui ne sont pas soutenus par des idées de gloire et d'honneur ne peuvent jamais continuer de bon gré à supporter les fatigues auxquelles ils sont exposés.

7 septembre

Le sort en est jeté ; j'ai consenti à revenir si nous ne périssons pas. Ainsi mes espérances sont détruites par la lâcheté et l'indécision : je reviens sans rien savoir, et déçu dans mes projets. Il faut plus de philosophie que je n'en ai pour supporter patiemment un malheur aussi injuste.

12 septembre

C'en est fait : je retourne en Angleterre. Je suis frustré dans mes espérances de gloire et d'intérêt. – J'ai perdu mon ami. Je vais tâcher, ma chère sœur, de vous donner des détails sur ces pénibles événements ; et puisque je me dirige vers l'Angleterre et en même temps vers vous, je ne m'affligerai pas.

Le 9 septembre, la glace commença à remuer ; des bruits semblables à celui du tonnerre se firent entendre au loin et annoncèrent que les îles de glace se séparaient et se rompaient de tous les côtés. Nous étions dans le péril le plus imminent ; mais notre position étant entièrement passive, je portai presque toute mon attention sur mon malheureux hôte, dont la maladie avait pris un caractère si grave qu'il ne pouvait plus sortir de son lit. La glace se rompit derrière nous et fut emportée avec force vers le nord ; le vent tourna à l'ouest, et le 11, le passage vers le sud devint parfaitement libre. Les matelots, en voyant leur retour dans leur patrie presque assuré, poussèrent de grandes acclamations de joie longtemps prolongées. Frankenstein, qui était assoupi, s'éveilla et demanda la cause du tumulte.

– Ils se réjouissent, lui dis-je, de ce qu'ils retourneront bientôt en Angleterre.

– Retournez-vous vraiment ?

– Hélas ! Oui ; je ne puis résister à leur demande. Je ne puis les contraindre à braver le danger, et je suis moi-même contraint de retourner.

– Faites-le si vous le voulez, mais je n'en ferai rien. Vous pouvez abandonner votre projet ; mais je ne puis manquer au mien ; il m'est assigné par le ciel. Je suis faible ; mais je ne doute pas que les esprits qui aident ma vengeance ne me donnent assez de force.

À ces mots, il tâcha de se lever de son lit, mais l'effort était au-dessus de ses forces ; il retomba et s'évanouit.

Il resta longtemps avant de reprendre connaissance, et je crus longtemps que la vie était entièrement éteinte. Enfin il ouvrit les yeux, mais il respirait avec difficulté et ne pouvait parler. Le chirurgien lui donna une potion, et nous ordonna de le laisser et de ne pas le troubler. En même temps il m'annonça que mon ami n'avait pas beaucoup d'heures à vivre.

La sentence était prononcée : je ne pouvais que m'affliger et attendre. Je m'assis auprès de son lit pour l'observer ; ses yeux étant fermés, je crus qu'il dormait ; mais en ce moment il m'appela d'une voix faible, m'invita à m'approcher, et me dit :

– Hélas ! La force sur laquelle je comptais m'abandonne ; je le sens, je mourrai bientôt ; et lui, mon ennemi et mon persécuteur, il vit peut-être encore ! Ne croyez pas, Walton, que dans les derniers moments de mon existence j'éprouve cette haine brûlante et ce désir ardent de vengeance dont j'étais animé autrefois ; je souhaite la mort de mon ennemi, et je me sens justifié par ce sentiment. Pendant ces derniers jours je me suis mis à examiner ma conduite passée, et je ne la trouve nullement blâmable. Dans un accès de démence, et dans un transport d'enthousiasme, j'ai créé un être doué de raison ; j'étais tenu d'assurer, autant qu'il était en mon pouvoir, son bonheur et son bien-être. Tel était mon devoir ; mais il en était un autre bien supérieur. Mes devoirs envers mes semblables étaient beaucoup plus dignes de fixer mon attention, puisqu'ils renfermaient une plus grande proportion de bonheur ou de malheur. Soutenu par cette considération, j'ai refusé, et avec raison, de former une compagne pour l'être que j'avais créé. Il montrait une perversité et un égoïsme que personne n'aurait pu égaler. Il a immolé mes amis ; il a voué à la mort des êtres qui jouissaient de deux biens inestimables, le bonheur et la sagesse ; et je ne sais où s'étanchera cette soif de vengeance. Malheureux lui-même de ne pouvoir faire le malheur des autres, il fallait qu'il mourût... Mon devoir était de lui donner la mort, mais j'ai succombé. Conduit par l'intérêt et des motifs coupables, je vous ai demandé de prendre mon ouvrage s'il n'était pas terminé ; je renouvelle cette prière à présent que je ne suis guidé que par la raison et la vertu. Cependant je ne puis vous demander de renoncer à votre pays et à vos amis, pour remplir cette tâche, et, maintenant que vous retournez en Angleterre, vous aurez peu de chances de le rencontrer ; mais je vous engage à bien réfléchir sur ce point, et à bien peser ce que vous devez faire. Mon jugement et mes idées sont déjà troublés par l'approche de la mort. Je n'ose vous demander d'entreprendre ce que je crois juste ; car je puis être encore égaré par la passion. En pensant qu'il pourrait vivre pour être un instrument de malheur, je me trouble ; mais si j'arrête mon esprit à d'autres considérations, j'envisage cette heure qui va être celle de mon repos comme la seule heureuse que j'aie passée depuis plusieurs années. Je vois voltiger devant moi les formes des morts qui me sont chers et je me jette dans leurs bras. Adieu, Walton ! Cherchez le bonheur dans la tranquillité, et évitez l'ambition, même l'ambition, en apparence innocente, de vous distinguer dans les sciences et les découvertes. Mais pourquoi parler ainsi ? Cet espoir m'a perdu : un autre peut réussir.

Sa voix devenait plus faible à mesure qu'il parlait ; et enfin, épuisé par cet effort, il tomba dans le silence. Environ une demi-heure après, il essaya encore de parler, mais il n'en eût pas la force ; il pressa faiblement ma main. Ses yeux se fermèrent pour toujours, et le charme d'un doux sourire s'éloigna de ses lèvres.

Marguerite, que puis-je ajouter sur la fin précoce de ce Génie glorieux ? Que dirai-je qui puisse vous faire comprendre la profondeur de mon chagrin ? Tout ce que je pourrais dire serait trop faible. Mes yeux sont inondés de larmes ; mon esprit est troublé par ma douleur. Mais je fais route vers l'Angleterre, et je puis y trouver des consolations.

Je suis interrompu. Que signifient ces bruits ? Il est minuit ; le vent est bon, et la sentinelle se meut à peine sur le pont. Encore ! C'est un bruit semblable à celui d'une voix humaine, mais plus rauque ; il vient de la cabine où sont encore les restes de Frankenstein ; il faut que je monte et que j'aille voir. Bonne nuit, ma sœur.

Grand Dieu ! Quelle scène vient de se passer ! Je suis encore étourdi en y pensant. Je ne sais si j'aurai la force de l'écrire ; cependant, l'histoire que je vous ai rapportée serait incomplète sans cette dernière et étonnante catastrophe.

J'entrai dans la cabine, où étaient les restes de mon malheureux et admirable ami. Sur lui était penché un spectre que je ne saurais décrire ; sa stature était gigantesque, mais grossière et difforme dans ses proportions. Courbé sur le lit de mort, il avait la figure cachée par de longues boucles de cheveux en désordre ; sa main, qui était étendue, paraissait d'une couleur et d'une peau semblables à celle d'une momie. En m'entendant approcher, il cessa de pousser des exclamations de douleur et d'horreur ; et il s'élança vers la fenêtre. Jamais je n'ai rien vu d'aussi horrible que sa figure, de si hideux, et en même temps d'une laideur si effrayante. Je fermai les yeux involontairement, et je m'efforçai de me rappeler quels étaient mes devoirs vis-à-vis de ce monstre sanguinaire. Je le sommai de rester.

Il s'arrêta en me regardant avec étonnement ; se tourna de nouveau vers le corps inanimé de son créateur, et parut oublier ma présence. Chaque trait, chaque geste semblait excité par la plus sombre rage d'une passion irrésistible.

– Il est aussi ma victime, s'écria-t-il ! Avec sa mort mes crimes sont consommés : ma misérable existence touche à sa fin ! Ah, Frankenstein ! Être généreux, et qui t'es sacrifié ! À quoi me servirait-il de te demander maintenant mon pardon, moi qui t'ai immolé irrévocablement en faisant périr tous ceux que tu aimais ? Hélas ! Il est froid, il ne peut me répondre.

Sa voix sembla étouffée ; et mon premier mouvement, qui m'avait rappelé que mon devoir était d'obéir à la prière de mon ami mourant en donnant la mort à son ennemi, fut alors arrêté par un mélange de curiosité et de compassion. Je m'approchai de cet être effrayant, sans oser lever les yeux sur son visage dont la laideur était singulièrement repoussante et vraiment extraordinaire. J'essayai de parler, mais les mots s'arrêtaient sur mes lèvres. Le monstre continuait de s'adresser des reproches furieux et incohérents. Enfin j'osai lui parler, dans un moment où sa fureur se calmait.

– Ton repentir[1], lui dis-je, est maintenant superflu[2]. Si tu avais écouté la voix de la conscience et senti l'aiguillon du remords avant de pousser ta vengeance infernale à cette extrémité, Frankenstein vivrait encore.

Vocabulaire

1. *Repentir* : regret d'une faute et désir de la réparer.
2. *Superflu* : de trop.

– Et rêvez-vous ? dit le démon. Oubliez-vous que j'étais alors mort au chagrin et au remords ? Lui, continua-t-il en me montrant le cadavre, il n'a pas plus souffert durant sa vie... Oh ! non, pas la dix millième partie de mon angoisse pendant son long et cruel supplice. J'étais saisi d'effroi, et en même temps j'avais le cœur déchiré par le remords. Pensez-vous que les gémissements de Clerval fussent agréables à mon oreille ? Mon cœur était fait pour être susceptible d'amour et de sympathie ; et, lorsque j'ai été poussé par le malheur au crime et à la haine, il ne supporta pas la violence du changement sans un tourment que vous ne pouvez même imaginer. Après le meurtre de Clerval, je revins dans le Switzerland, le cœur brisé et abattu. J'avais pitié de Frankenstein ; ma pitié se transforma en horreur : je m'abhorrai moi-même ; mais en pensant que lui, l'auteur et de mon existence et de mes inexprimables tourments, il osait espérer le bonheur ; que, tandis qu'il accumulait sur moi le malheur et le désespoir, il cherchait son bonheur dans des sentiments et des passions dont j'étais à jamais privé, alors une jalousie impuissante et une indignation amère me remplirent d'une soif insatiable de vengeance. Je me souvins de ma menace et je résolus de l'accomplir. Je savais que je me préparais une torture affreuse ; mais j'étais l'esclave, et non le maître, d'une impulsion que je détestais sans pouvoir y résister. Cependant lorsqu'elle périt !... non, je n'étais pas alors malheureux. J'avais repoussé tout sentiment, comprimé toute angoisse pour me livrer à l'excès de mon désespoir. Dès lors le mal devint un bien pour moi. Arrivé à ce point, je n'eus plus d'autre choix que d'adapter ma nature à un élément que j'avais choisi moi-même. Le couronnement de mon projet infernal devint une passion insatiable. Et maintenant il est terminé : voici ma dernière victime !

Je fus d'abord touché par les expressions de sa douleur ; mais en me rappelant que Frankenstein m'avait parlé du pouvoir de son éloquence persuasive, et en reportant les yeux sur le corps inanimé de mon ami, je sentis l'indignation se rallumer en moi.

– Malheureux ! lui dis-je, convient-il que tu viennes ici pour gémir sur la scène de désolation dont tu es l'auteur ? Tu jettes une torche au milieu d'un édifice, et, après qu'il est consumé, tu t'assieds sur ses ruines et tu gémis de sa chute. Démon hypocrite ! Si celui que tu pleures vivait encore, il serait encore l'objet de ton exécrable vengeance, et il en deviendrait la proie. Ce n'est pas la pitié que tu sens ; tu gémis seulement de ce que la victime, que tu réservais à ta perversité, vient de lui échapper.

– Ah ! Ce n'est pas ainsi… non, dit-il en m'interrompant, quoique vous deviez le penser en me jugeant d'après mes actions ! Je ne cherche pas quelqu'un qui compatisse à ma misère : je ne trouverai jamais de sympathie. […] Lorsque je fais l'énumération de mes crimes, je ne puis croire que je sois le même qui était autrefois rempli des visions sublimes et transcendantes de la beauté et de la majesté du bien. Mais il n'est que trop vrai ; l'ange déchu devient le démon du mal. Et même cet ennemi de Dieu et de l'homme avait des amis et des compagnons dans son malheur ; et moi je suis seul. Vous qui appelez Frankenstein votre ami, vous paraissez connaître mes crimes et ses malheurs ; mais, dans le détail qu'il vous en a donné, il n'a pu vous énumérer les heures et les mois de misère que j'ai passés, et durant lesquels je me suis consumé en passions impuissantes ; car tandis que je détruisais ses espérances, je ne satisfaisais pas mes propres désirs. Ils étaient toujours ardents et insatiables ; que je désirasse l'amour ou l'amitié, j'étais toujours repoussé. N'y avait-il aucune injustice en cela ? Dois-je passer pour le seul criminel, lorsque toute l'espèce humaine était contre moi ? […] Mais il est vrai que je suis un misérable. J'ai assassiné celui qui était aimable et sans appui ; j'ai étranglé l'innocent pendant son sommeil ; j'ai étouffé celui qui n'avait jamais fait aucun mal ni à moi, ni à aucun être animé. J'ai voué au malheur mon créateur, le modèle de tout ce qui est digne d'amour et d'admiration parmi les hommes ; je l'ai poursuivi jusqu'à cette extrémité irréparable. Le voici, livide et glacé du froid de la mort. Vous me haïssez ; mais votre haine ne peut égaler celle avec laquelle je me regarde moi-même. Je vois les mains qui m'ont formé ; je pense que c'est dans son imagination que j'ai été conçu, et je suis impatient de voir arriver le moment où tout cela ne sera plus sous mes yeux ou présent à ma pensée. Ne craignez pas que je devienne un jour l'instrument d'une nouvelle oppression. Mon ouvrage sera bientôt achevé. Ni votre mort, ni celle d'aucun homme n'est nécessaire pour consommer mon existence et accomplir ce qui doit arriver ; la mienne seule est nécessaire. Ne croyez pas que je tarde à faire ce sacrifice. Je quitterai votre vaisseau sur le radeau de glace qui m'a apporté ici, et je chercherai l'extrémité du globe la plus voisine du nord. Je formerai mon bûcher funéraire, et je réduirai en cendres ce misérable corps, afin que ses restes ne puissent servir à quelqu'homme curieux et profane[1] qui voudrait créer un autre être semblable à moi : je vais mourir. [...] Souillé de crimes, et déchiré par le plus cruel remords, pourrais-je trouver du repos ailleurs que dans la mort ? Adieu ! Je vous quitte, et vous êtes le dernier de toute l'espèce humaine que mes yeux verront jamais. Et toi, Frankenstein, adieu. Frankenstein ! Si tu vivais encore, et que tu conservasses un désir de vengeance contre moi, tu la satisferais mieux par ma vie que par ma mort. Mais il n'en était pas ainsi ; tu cherchais ma mort afin que je ne pusse causer de plus grands malheurs ; et cependant, si, par une puissance qui m'est inconnue, tu n'as pas encore cessé de penser et de sentir, tu ne peux désirer que je vive pour mon malheur. Quelque fût ta position, mes tourments étaient encore plus cruels que les tiens ; car les pointes aiguës du remords ne peuvent cesser d'envenimer mes blessures, jusqu'à ce que la mort les ferme à jamais. Mais bientôt, s'écria-t-il avec un enthousiasme terrible et solennel, je mourrai ; je ne sentirai plus ce que j'éprouve maintenant. Bientôt ces douleurs cuisantes seront éteintes. Je monterai triomphant sur mon

Vocabulaire

1. *Profane* : qui ne respecte pas les choses sacrées.

bûcher funéraire, et je tressaillerai de joie dans l'agonie au milieu des flammes dévorantes. La lueur de ce foyer s'affaiblira ; mes cendres seront emportées dans la mer par les vents. Mon esprit reposera en paix ; ou s'il pense, il ne sera certainement pas en proie aux mêmes pensées. Adieu.

Il dit, et s'élança par la fenêtre de la cabine, sur le radeau de glace qui était attaché au vaisseau. Il fut bientôt emporté par les vagues, et perdu dans l'obscurité et l'éloignement.

Un étranger dans les glaces

LECTURE

Lecture d'ensemble (p. 8-18)

1. Qui rédige la première lettre (p. 8-10) ? Que sait-on de ce personnage ?

2. Quels grands thèmes sont finalement évoqués dès ces premières pages ?

3. Quel est, à votre avis, le « rôle » tenu par Madame Saville, l'unique destinataire des lettres et récits de Walton ?

Lecture linéaire

4. P. 8-10, l. 1-54 : comment se traduit l'inquiétude de Walton ? Quels potentiels dangers le guettent ?

5. P. 10-12 : sur quel intime sentiment Walton se confie-t-il ? A-t-il foi en lui ?

6. P. 12-13 : comment le fantastique fait-il son entrée en scène ? À quoi peut alors s'attendre le lecteur ?

7. P. 13-18 : quels sont les points communs entre le capitaine et « l'étranger » ?

Étude de la langue

Grammaire

8. P. 10-12 (lettre II) : identifiez les connecteurs logiques de ce passage en précisant la relation logique qu'ils expriment.

9. P. 18 : récrivez le dernier paragraphe en remplaçant les « il » et les « je » par « vous ». Qu'entraînent ces modifications de points de vue ?

10. Justifiez l'accord des participes passés suivants : « envisagée » (p. 8, l. 4), « tenue » (p. 15, l. 99), « choisies » (p. 17, l. 141), « habitué » (p. 17, l. 158).

Vocabulaire

11. Recherchez le sens des mots « circonspection » (p. 12, l. 47), « abîme » (p. 14, l. 55), « infortunes » (p. 17, l. 153).

12. Quels champs lexicaux sont associés à la première lettre de Walton ? Que laissent-ils transparaître ?

Lecture d'image

Caspar David Friedrich (1774-1840), *Moine dans la neige* (1808), huile sur toile, 106 x 73 cm, œuvre détruite en 1931 dans l'incendie du Palais des glaces de Munich.

13. Quel imaginaire ce tableau met-il en scène ?

14. Quels rapprochements faites-vous entre ce paysage et ceux décrits par Walton ?

PATRIMOINE

15. Walton raconte par lettres son récit d'exploration. Trouvez d'autres récits romanesques racontés selon un mode identique et résumez-en les intrigues.

NOTIONS LITTÉRAIRES
Le roman gothique

Apparu dès la fin du XVIIIe siècle en Europe, le « roman gothique » (également nommé « roman noir » ou « roman terrifiant ») fait directement référence aux **goûts renouvelés pour les mystères du passé**, en particulier les **vestiges de l'architecture gothique**. Décrivant une atmosphère propice à la **mélancolie** et au **mélodramatique**, nombre d'auteurs vont mettre en scène **le macabre et le romantisme**. Fantômes et monstres, cimetières et châteaux, cieux tourmentés et personnages aux sombres destins hanteront tour à tour *Le Château d'Otrante* (Horace Walpole, 1764), *Les Mystères d'Udolphe* (Ann Radcliffe, 1794), *Le Vampire* (John Polidori, 1819), *La Chute de la maison Usher* (Edgar Allan Poe, 1839).

Supplanté par **le fantastique** (*Le Portrait de Dorian Gray* d'Oscar Wilde, 1890 ; *Dracula* de Bram Stoker, 1897) et **la science-fiction** (*Le Château des Carpathes* de Jules Verne, 1892) qui en reprennent les codes esthétiques, le genre gothique tend à disparaître dès 1820 : il gardera néanmoins une **longue postérité** avec des auteurs et feuilletonistes tels Charles Dickens, Honoré de Balzac, Victor Hugo, Arthur Conan Doyle ou Eugène Sue.

EXPRESSION

Expression écrite

16. À votre tour, après avoir lancé un voyage maritime vers l'un des pôles, vous racontez vos fascinantes ou étranges observations à vos proches. Vous avez la possibilité de choisir l'époque et donc votre mode de communication (lettre, carnet intime, SMS, blog, réseau social, etc.).

Expression orale

17. À la place du capitaine Walton, accepteriez-vous de recueillir un « étranger » à bord de votre navire ? Débattez sur les potentialités, devoirs de solidarité ou risques liés à une telle rencontre dans le contexte de l'époque.

Méthode ▸ Comment utiliser les temps du récit

Un récit est une narration dans laquelle le ou les protagoniste(s) raconte(nt) des événements réels ou fictifs qui se déroulent généralement dans le passé. Plusieurs temps sont employés dans des buts précis.

➜ L'**imparfait** est utilisé pour **décrire** un décor, une ambiance, ou **présenter la situation initiale**. Il peut souligner une action déjà engagée ou inachevée lorsque le récit démarre au passé. (Ex. : « L'étranger paraissait très empressé », p. 16, l. 113.)

➜ Le **passé simple** est utilisé pour exprimer l'événement perturbateur et les actions entreprises par les personnages. Il précise des actions achevées ou délimitées dans le temps. (Ex. : « Vers deux heures, le brouillard se dissipa », p. 12, l. 12.)

➜ Le **passé composé** est employé pour une action postérieure à la première décrite. (Ex. : « j'ai loué un vaisseau, et je suis occupé à rassembler mes marins », p. 10, l. 5-6.)

➜ Le **plus-que-parfait** est employé pour une action antérieure à une action située dans le passé.

L'ardente poursuite de la science

LECTURE

Lecture d'ensemble (p. 19-46)

1. P. 19-22 : établissez le portrait de Victor Frankenstein : que sait-on de sa vie, de ses activités et préoccupations ?

2. P. 23 : pourquoi la mort de la mère de Frankenstein est-elle un moment clé de sa destinée ?

3. P. 37-46 : quelle série de nouveaux drames afflige Frankenstein ? Pourquoi pouvons-nous dire que ce roman emprunte aux genres du drame romantique et de la tragédie ?

4. Finalement, la destinée scientifique du héros est-elle mise à mal ? Ses certitudes sont-elles ébranlées par les événements ?

Lecture linéaire

5. P. 20, l. 16 : expliquez, à l'aide des paragraphes qui la suivent, la phrase « La philosophie naturelle est le génie qui a réglé ma destinée. »

6. P. 26-27 : Frankenstein est-il superstitieux ? Que veut nous signifier l'auteur en soulignant ce trait de caractère ?

7. P. 29-31 : Frankenstein a-t-il atteint son but ? Que nous laisse-t-il supposer concernant sa création ?

Étude de la langue

Grammaire

8. P. 42-43, l. 162-186 : transformez au discours indirect les paroles rapportées, en commençant par « Ernest me souhaita la bienvenue ».

Vocabulaire

9. Chapitres IV et V (p. 26-34) : relevez les termes en rapport avec la démarche scientifique. En quoi Frankenstein s'appuie-t-il sur sa connaissance de la biologie humaine ?

10. Repérez dans le texte les éléments éclairant l'enthousiasme de Frankenstein : pourquoi cette ferveur est-elle démesurée ?

Conjugaison

11. Reproduisez et complétez les tableaux suivants avec un exemple tiré des pages 19 à 29.

Indicatif					
Présent	Passé composé	Imparfait	Plus-que-parfait	Passé simple	Futur simple

Impératif	Conditionnel		Subjonctif	Infinitif	Participe		Gérondif
Présent	Présent	Passé	Présent	Présent	Présent	Passé	Présent

Lecture d'image

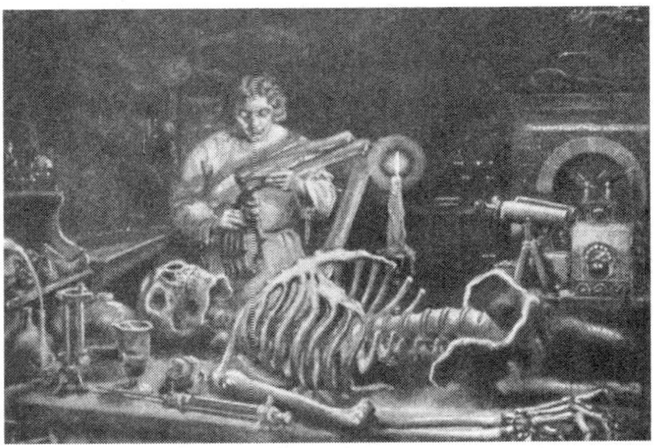

Victor Frankenstein travaillant dans son laboratoire, illustration d'une édition de 1922, Cornhill Publishing Company, Boston.

12. Quelles différences relevez-vous entre le texte initial et cette illustration ?

13. Que symbolise la présence du squelette ?

NOTIONS LITTÉRAIRES
La narration épistolaire

Dérivé du terme « **épître** » (lettre, missive), le genre épistolaire englobe les romans et nouvelles constitués d'une **succession de lettres**. Le rythme narratif est alors par principe un **récit discontinu**.

Connu depuis l'Antiquité (dans ses *Héroïdes*, le poète latin Ovide écrit des lettres fictives d'héroïnes mythologiques) et popularisé au XVIIIe siècle (*Lettres persanes* de Montesquieu en 1721, *Les Liaisons dangereuses* de Choderlos de Laclos en 1782), le genre est caractérisé par une **double énonciation** : chaque lettre s'adresse à un correspondant précis en même temps qu'au lecteur, tandis que l'auteur lui-même reste en retrait.

Cet artifice narratif permet une grande **variété de ton et d'écriture**, chaque personnage ayant son propre style. Pour ne pas être lassant, le roman épistolaire doit la plupart du temps **multiplier les voix** et donc les protagonistes, obligeant le lecteur à un **effort de mémorisation** au cours d'une intrigue principale qui peut se diluer dans les détails ou intrigues secondaires.

Pour l'auteur, le plus grand défi est celui du **caractère vraisemblable** : les échanges entre correspondants doivent être réalistes pour convaincre !

PATRIMOINE

14. Retrouvez dans le texte les références aux différentes sciences et aux divers scientifiques qui passionnent Frankenstein. Que pouvez-vous en dire ?

EXPRESSION

Expression écrite

15. P. 35 : imaginez que Frankenstein arrive à écrire une lettre à ses proches ; il y raconte ses doutes et ses espérances, en ne cachant rien de son état nerveux fragilisé.

Expression orale

16. Écrire une lettre, envoyer un SMS, tenir un journal ou partager ses expériences sur un réseau social : débattez autour de la pertinence de ces différents types de correspondance.

Méthode *Comment écrire une lettre*

Une lettre est un **message écrit** que l'on utilise pour communiquer et donner des informations, demander quelque chose, raconter un événement, donner des nouvelles, argumenter ou s'indigner. L'émetteur qui écrit est **l'expéditeur**, tandis que celui qui la reçoit est **le destinataire**. Entre ces deux personnes s'établit un **rapport à distance**, formalisé par des **codes** (noms, formules de politesses, lieux, dates, signatures). La lettre peut être **personnelle et intime** (destinée à un ami), **officielle** (lettre à un organisme) ou **publique** si elle est destinée à être publiée (*« J'accuse… ! »* de Zola, en 1898, pendant l'affaire Dreyfus).
Dans sa **structure**, la lettre **introduit son sujet**, développe sa **stratégie argumentative** ou son **déroulé narratif**, fait une **synthèse** du sujet ou du problème évoqué ; elle se termine sur une **formule de politesse** (différente selon l'interlocuteur) et la **signature** de l'émetteur.

D'un cœur à l'autre

LECTURE

Lecture d'ensemble (p. 46-70)

1. Chapitre VIII et IX : quels sentiments communs agitent Frankenstein et sa créature ? L'un et l'autre peuvent-ils, en définitive, se comprendre ?

2. Chapitre XII : pourquoi la créature décide-t-elle d'aider les habitants de la chaumière ?

3. Chapitre XIV : résumez l'histoire de Safie et Félix. À quel type de récit vous fait-elle songer ?

4. Quelle est la symbolique de l'épilogue du chapitre XV ? À quoi peut dès lors s'attendre le lecteur ?

Lecture linéaire

5. Pourquoi Frankenstein fuit-il « la présence des hommes » (p. 47, l. 19) ? Mettez votre explication en parallèle du chapitre suivant (p. 49, l. 25-27).

6. P. 52-57 : par quels biais la créature arrive-t-elle à convaincre Frankenstein d'écouter sa propre histoire ?

7. P. 62-63 : résumez les réflexions de la créature lorsqu'elle songe à son apparence et à ses conditions de vie. Sur quels traits de caractère insiste Mary Shelley à cet instant de son roman ? Dans quels buts ?

Étude de la langue

Grammaire et conjugaison

8. P. 53, l. 139-150 : récrivez ce passage en employant des temps au présent.

Vocabulaire

9. Expliquez l'étymologie du mot « paradis » (p. 55, l. 54) et recherchez divers synonymes.

10. Chapitre X : relevez tous les termes appartenant au champ lexical de l'effroi et de l'horreur.

11. Expliquez la phrase « Félix était trop délicat pour accepter cette offre » (p. 65, l. 40-41). Quel type de récit nous est alors présenté par la créature ?

PATRIMOINE

12. Recherchez les œuvres mettant en scène un dialogue entre « monstre » et humain(s). Après avoir résumé leurs intrigues (en une ou deux phrases), repérez quelles sont les thématiques récurrentes.

NOTIONS LITTÉRAIRES
Le récit philosophique et moral

Un **moraliste** est un écrivain qui **décrit et critique les mœurs de son époque**. Il propose une **réflexion sur la nature et la condition humaines.** Dans *Frankenstein*, c'est la relation entre Walton et le savant qui prend des proportions cathartiques (du grec *catharsis* : qui libère émotionnellement), les dangers liés à l'acquisition du savoir étant clairement exprimés. La créature elle-même (p. 62-63, l. 90-105) interroge sur sa propre nature.

Apparu au XVIIIe siècle, le **conte philosophique** permet de contourner la censure en **évoquant la société par le biais de la fiction**. Cette forme littéraire emprunte au conte sa structure narrative et ses formules (« il était une fois... », « au temps de... »). **Critique satirique, réflexion sur la vie** et **conclusion moraliste** détourent un univers marqué par l'imperfection des hommes et l'omniprésence du mal : l'esclavage, le fanatisme religieux, l'absurdité de la guerre, les abus de pouvoir ou les dérives de la science seront abondement dénoncés par Voltaire (*Zadig* en 1747, *Candide* en 1759), Jonathan Swift (*Les Voyages de Gulliver* en 1726), Denis Diderot (*Supplément au voyage de Bougainville* en 1796) ou Italo Calvino (*Le Baron perché*, 1957).

Lecture d'image

Theodor Von Holst (1810-1844), gravure, 7,1 x 99,3 cm, frontispice d'une édition révisée du roman publiée par Colburn et Bentley, Londres, 1831.

13. Dans quel état d'esprit semblent être les deux personnages ? Quelles ambiguïtés remarquez-vous ?

14. Quelles thématiques, romanesques ou psychologiques, sont distillées au sein de ce visuel ?

EXPRESSION

Expression écrite

15. Retracez brièvement les étapes de la vie du monstre depuis sa venue au monde telles qu'il les raconte dans les chapitres XI à XV.

Expression orale

16. Imaginez une conclusion différente de celle proposée à la fin du chapitre XV (p. 70, l. 99-111) : certains personnages présents acceptent la présence de la créature et d'autres demeurent ouvertement hostiles. Mettez en relief les arguments moraux de chacun des personnages.

Méthode* *Comment débattre et donner son opinion

→ **Reformuler** permet idéalement de **restituer une pensée sans la déformer** ; c'est une action préalable au débat ou au jugement critique. La reformulation peut toutefois faire apparaître de nouvelles idées, demeurer confuse ou laisser transparaître la prise de position de l'orateur.

→ Le **jugement** permet de donner son opinion sur un sujet, en employant :
– des **verbes d'opinion** (« juger que », « estimer », « penser », « croire que », « considérer », « être d'avis que », « avoir le sentiment que ») ;
– des **expressions** telles que « selon moi », « à mon avis »… ;
– un **vocabulaire modalisateur** (pronoms à la première personne tels que « je », « moi », « mon ») ;
– des **expressions marquant la nuance** ou la prise de position plus ou moins distanciée (« d'après moi », « de toute évidence », « peut-être ») ;
– des **termes évaluatifs** (« il est vrai que », « je ne pense pas que ») ;
– un **vocabulaire qualitatif ou dépréciatif** (« les formes accomplies », p. 59, l. 57 ; « la barbarie des hommes », p. 55, l. 51).

« Il est vivant ! »

LECTURE

Lecture d'ensemble (p. 70-88)

1. P. 71, l. 25-26 : expliquez la phrase « je déclarai une guerre éternelle à l'espèce humaine ». Contre qui s'adresse essentiellement cette terrible sentence ?

2. P. 72-73 : quel enfant tombe entre les mains de la créature ? P. 74 : quel fait nouveau apprenons-nous ? Quel sentiment général retirez-vous de ces deux éléments ?

3. Chapitre XVII (p. 74-79) : comment la créature interpelle-t-elle son créateur ? Que cherche-t-elle à provoquer chez lui ?

4. P. 74-88 : listez les arguments « pour » ou « contre » la création d'une fiancée monstrueuse. Expliquez la décision finale de Victor Frankenstein.

5. P. 85 : que traduit l'isolement du savant ? La fin du chapitre est-elle annonciatrice d'un quelconque progrès ?

Lecture linéaire

6. P. 70, l. 1-6 : pourquoi la créature est-elle si désireuse de mettre fin à ses jours ? Comment explique-t-elle ce non-passage à l'acte ?

7. P. 79 : qu'exige Frankenstein de la créature en échange de la fabrication d'une compagne ? Quel(s) espoir(s) peut, à votre avis, avoir le lecteur à ce stade du récit ?

8. Pourquoi Frankenstein est-il à nouveau saisi « d'horreur et de dégoût » (p. 85, l. 96-97) ? Que décide-t-il toutefois de faire ?

Étude de la langue

Vocabulaire

9. Trouvez deux termes appartenant à la même famille que le mot « compassion » (p. 78, l. 107).

10. Expliquez le sens de l'expression « se perdre en conjectures » (p. 80, l. 31-32).

11. P. 73, l. 82 : « Monstre affreux ! » hurle l'enfant. Trouvez des synonymes de ce qualitatif dans l'extrait étudié (p. 70-88).

12. P. 84-86, l. 68-118 : relevez tous les termes qui soulignent la misère et le dérèglement psychologique, préludes à de nouvelles catastrophes.

Grammaire

13. « Je vengerai mes injures » (p. 76, l. 33) : donnez la nature et la valeur du mot « injures ».

Conjugaison

14. P. 82, l. 1 : donnez le temps et le mode, que vous justifierez, du verbe « résolûmes ».

NOTIONS LITTÉRAIRES

La mise en scène du monstre

Installé **aux limites de l'humain et de ses peurs**, le « monstre » (celui qui est « montré du doigt ») provoque **la terreur ou l'admiration**.

Prodige mythologique hybride (Cerbère, le Minotaure, le Sphinx, Méduse), étrange mutation (King Kong, Godzilla, la bête du Gévaudan), difformité semi-humaine (Quasimodo, Elephant Man), créature d'outre-tombe (Dracula, les zombies de *Walking Dead*) ou science-fictionnelle (Gremlins, Alien), le monstre est une **figure artistique utilisée depuis l'Antiquité** (*Les Métamorphoses* d'Ovide).

Inscrit dans le genre merveilleux (ogre ou sirène), il **souligne les travers humains** ; autant d'obstacles au parcours du héros qui combattra le mal – et le dragon – dans le **roman courtois médiéval**.

Dans les récits plus contemporains (*Frankenstein, Le Cas étrange du Dr Jekyll et de Mr Hyde*), le monstre a valeur de **mise en garde** : au-delà de sa laideur, il aura pour fonction de nous **faire accepter sa différence**, de **pointer la cruauté sociale** (le monstre est une victime rejetée) et de **transmettre des leçons éthiques et morales** (voir le film *La Forme de l'eau*, réalisé par Guillaume del Toro, 2018).

Lecture d'images

Image du film *Frankenstein* ci-dessous

15. Quelles valeurs symboliques peut-on donner à ce cadrage ? À quel point de non-retour au sein du roman initial fait-il référence ?

Image extraite du film *Frankenstein* de James Whale, avec Boris Karloff et Marilyn Harris, 1931.

Image du film *Frankenstein* reproduite en couverture de l'ouvrage

16. Quels stigmates morbides porte le monstre ? Quels sentiments exprime le visage grimé de Boris Karloff ?

PATRIMOINE

17. P. 82-85 : retracez sur une carte le parcours effectué par Frankenstein et son ami Clerval ; trouvez quelques renseignements sur chacune des étapes nommées.

EXPRESSION

Expression écrite

18. Pourquoi, selon vous, les monstres sont-ils souvent les héros incompris des récits fictionnels ? Argumentez.

Expression orale

19. La créature est jugée dans un tribunal pour ses crimes : vous êtes l'avocat de la défense...

Méthode ***Comment repérer le schéma narratif du récit d'aventure***

Roman multigenre, *Frankenstein* est aussi un récit d'aventure et de voyage mettant en scène – entre action et suspense – un explorateur (Walton) et un héros (Frankenstein), chacun de ces entreprenants personnages étant prêt à tout pour échapper à une adversité... glaçante !

➜ Caractérisé par de **nombreuses péripéties** et un **dépaysement spatial et/ou temporel**, le genre aventureux pousse le lecteur à **s'identifier** au protagoniste principal, dont on suit la **quête initiatique**. Ce processus passe par la description des **lieux** et des **personnages**, la narration de **souvenirs**, un **point de vue interne ou omniscient** (donnant accès aux pensées du héros).

➜ Le **schéma narratif** du récit d'aventure, devenu un classique, est le suivant :
– une **situation initiale** présentant le cadre et les personnages, souvent propice aux bouleversements ;
– l'**élément perturbateur** de l'action, poussant le héros au départ (action, enquête, voyage, etc.) ;
– les **péripéties** (affrontements, épreuves, dangers) ;
– l'**élément de résolution** (mal vaincu, objectif de la quête atteint) et la **situation finale**, potentiellement heureuse pour le héros.

Le démiurge et le démon

LECTURE

Lecture d'ensemble (p. 86-115)

1. P. 90, l. 119-120 : quelle menace prophétise le monstre ? Que peut-on craindre dès lors ? Mettez votre explication en parallèle de l'extrait lignes 134 à 144 (p. 91).

2. P. 102-103, l. 115-141 : quel statut le savant confère-t-il à sa créature ? Dès lors, a-t-il raison de « dev[enir] plus tranquille » ?

3. P. 105, l. 38-47 : quelle terrible tragédie vient de se produire ? Frankenstein aurait-il pu l'éviter ?

Lecture linéaire

4. P. 87-88 : quels nouveaux raisonnements conduisent Frankenstein à renier sa promesse créatrice ?

5. P. 89, l. 88-92 : à quel terrible paradoxe de situation assistons-nous ?

6. P. 99-100 : quels espoirs se font jour avec la lettre envoyée par Elizabeth Lavenza ? Lignes 54-55, que prévoit Frankenstein ?

Étude de la langue

Conjugaison

7. À quel mode est employé le verbe « obéir » (p. 89, l. 92) ? Pourquoi ? Trouvez d'autres exemples similaires pages 89 à 90.

Grammaire

8. P. 101, l. 65-66 : quelles sont la nature et la fonction de la proposition « qui me poursuivrait jusqu'à la mort » ?

9. P. 106, l. 63 : donnez la fonction du groupe « dans l'agonie du désespoir ».

Orthographe

10. P. 104, l. 15 : justifiez l'orthographe de « perdue » et « arrachée ».

Vocabulaire

11. Trouvez les différents sens du mot « esclave » (p. 89, l. 88). Quelle est la portée symbolique de son emploi par la créature à ce moment du récit ?

12. P. 96, l. 43 : justifiez l'emploi et le sens du verbe « immoler ».

Lecture d'image

Teodoor Rombouts (1597-1637), *Prométhée*, huile sur toile, 222,5 x 154 cm, musées royaux des Beaux-Arts de Belgique.

13. Que montre ce tableau ? Pourquoi Prométhée subit-il ce châtiment ?

14. Quels rapports établissez-vous entre ce mythe et le titre *Frankenstein ou le Prométhée moderne* ?

EXPRESSION

Expression écrite

15. Rédigez un article journalistique relatant la mort de la fiancée de Frankenstein et évoquant les différentes hypothèses sur les raisons de cet étrange décès.

Expression orale

16. Débattez autour du point suivant : Frankenstein détruit-il sa seconde créature selon des principes humanistes ou par simple volonté de demeurer l'unique démiurge, maître de ses créations ?

PATRIMOINE

17. P. 96 : la mort de l'ami(e) du héros (ou du héros) est un motif littéraire récurrent : faites une liste d'exemples fictionnels (romans, contes, films, bandes dessinées...).

18. Donnez les caractéristiques de quelques héroïnes féminines. Vous montrerez comment ces femmes fortes, passionnées et romantiques, se heurtent souvent à une vision désenchantée du monde, ce qui les mène à leur perte.

MYTHOLOGIE
Le mythe de Prométhée

Dans sa *Théogonie* (récit de l'origine des dieux), le poète grec Hésiode (VIIe siècle av. J.-C.) fait de Prométhée un Titan (les Titans étaient des divinités primitives qui régnaient sur le monde avant les dieux de l'Olympe). Prométhée est aussi le cousin de Zeus, roi des Olympiens et lui-même fils du Titan Cronos. Selon la tradition, Prométhée (« le prévoyant ») et son frère Épiméthée (« l'étourdi ») sont chargés de répartir les ressources terrestres entre les différentes espèces vivantes. À la suite d'une erreur d'Épiméthée, les hommes se retrouvent démunis et privés du feu nourricier. Prométhée vole alors le feu divin pour le leur donner afin qu'ils chauffent leurs aliments, leurs maisons, et fabriquent leurs outils. Le mythe met ainsi en valeur la caractéristique humaine, seule espèce libre et ingénieuse, capable de se réinventer en permanence.

Puni pour son geste par Zeus, Prométhée est condamné : enchaîné au sommet de l'Elbrouz, dans le Caucase, il voit chaque jour un aigle venir dévorer son foie, seul organe du corps à se régénérer. Prométhée sera libéré de son supplice par Héraclès et deviendra finalement immortel en accédant au souhait du centaure Chiron, blessé par une flèche empoisonnée d'Héraclès et désireux de mettre fin à ses souffrances éternelles. Le mythe de Prométhée est admis comme métaphore de l'apport de la connaissance aux hommes. Il est aussi évocateur de « l'hybris », la folle tentation de l'homme de se mesurer aux dieux et ainsi de s'élever au-dessus de sa condition.

Méthode — *Comment décrire les sentiments et la souffrance*

➜ La langue française dispose d'une très grande richesse de termes pour exprimer chacun des sentiments et des émotions. Rappelons qu'**un sentiment est durable**, alors qu'**une émotion est un trouble intense mais plus passager**, lié à un événement précis et causé par une peur, une joie, une colère, qui nous émeut, nous trouble ou nous touche.
Le vocabulaire émotionnel **révèle notre état psychologique** :
– **la joie** : gaieté, ravi, fou de joie, rire, éclater de rire, rayonner de bonheur ;
– **la tristesse** : éprouver du chagrin, pleurer, fondre en larmes, avoir la gorge nouée, avoir de la peine ;
– **la colère** : s'énerver, se fâcher, entrer dans une colère noire, être furieux, s'indigner, s'irriter ;
– **la surprise** : être stupéfait, frappé de stupeur, abasourdi, rester sans voix, sursauter ;
– **la peur** : être craintif, paniquer, effroi, inquiétant, horrible, trembler, angoisser, épouvanté, avoir la chair de poule.

➜ De nombreux noms communs, adjectifs qualificatifs et verbes précisent nos sentiments ; dans un roman gothique comme *Frankenstein*, où souffle le vent du romantisme, les **passions sont exacerbées** et le **« moi »** y est généralement **en souffrance** :
– **la haine :** animosité, aversion, dégoût ; ennemi, repoussant, répugnant ; détester, haïr, exécrer ;
– **l'amour** : affection, ardeur, élan, flamme, passion ; avenant, charmant, exalté, séduisant ; être épris de, s'émouvoir, tenir à, vénérer.

➜ Comme au théâtre, les protagonistes sont submergés par leurs **émotions tragiques** (pitié, malheur, effroi, cruauté) et un **destin déterminé**, souvent impitoyable. Coupables ou non, les « héros » des récits tragiques et gothiques sont ainsi **frappés par la justice ou la vengeance divine**, soumis au désespoir, à la mort, à la solitude et à la faute, dans une **conscience aiguë du mal qui les accable**.

La fin des temps

LECTURE

Lecture d'ensemble (p. 115-128)

1. P. 117 : quels sont les prétextes de Frankenstein pour renoncer à l'amitié de Walton ?

2. P. 120 et p. 123 : que décide finalement de faire Walton ? Quel sage enseignement a-t-il tiré du récit de Frankenstein ?

3. P. 122-124 : quel rôle est confié à Walton ? Quel choix fait-il face à la créature ?

4. P. 128 : qu'advient-il de la créature ? Comment nomme-t-on ce type de fin romanesque ?

Lecture linéaire

5. P. 119-120 : que menace de faire l'équipage de Walton ? Pour quelles raisons les marins ne passeront-ils pas à l'acte ?

6. P. 122, l. 358-359 : expliquez ce début de phrase : « Malheureux lui-même de ne pouvoir faire le malheur des autres… »

7. « Mon ouvrage sera bientôt achevé. » (p. 127, l. 504-505) : quel double sens ironique peut-on pointer si l'on songe au texte de Mary Shelley ?

Étude de la langue

Vocabulaire

8. Définissez le mot « hôte » (p. 121, l. 310) puis trouvez des antonymes et synonymes de ce terme.

9. P. 115, l. 149-161 : relevez tous les termes évoquant des tourments physiques et émotionnels.

10. P. 127 : trouvez les sens de « sacrifice » (l. 508), « bûcher funéraire » (l. 510) et « mort » (l. 524). Que suggère l'emploi de ce champ lexical ?

Conjugaison

11. P. 118, l. 238-245 : récrivez cet extrait en mettant les verbes au passé composé.

12. P. 126, l. 481 : de quel verbe provient le participe passé « déchu » ?

Grammaire

13. Quelle est la classe grammaticale du mot « languissants » (p. 119, l. 271). Quelle est sa fonction ?

HISTOIRE LITTÉRAIRE

L'homme face à la science : le « savant fou » ?

« Nom de Zeus ! » (réplique culte du personnage Doc Brown dans *Retour vers le futur* en 1985). L'archétype du scientifique déjanté hante aussi bien les pages de nos livres que les écrans de cinéma. Ce fruit d'une **longue tradition littéraire** trouve ses origines dans le **mythe antique de Pygmalion**, un sculpteur tombé amoureux fou de la statue qu'il a créée. Aphrodite accédera à sa demande de donner vie à sa création, Galatée.

Le premier véritable jalon est ensuite posé **au XVIe siècle avec le docteur Faust**. Issu des contes populaires allemands, ce dernier est un alchimiste aux savoirs occultes : dans sa tragédie (1808), **Goethe** lui fera passer un pacte avec le diable, en échange de la connaissance universelle.

Obsédé par la science, poussé par une ambition dévorante, le « savant fou » cherche à créer des inventions qui lui permettent de **dépasser son statut de simple être humain** : il désire l'immortalité, veut donner vie à l'inanimé ou changer le cours du temps... défiant ainsi les limites de l'humanité et remettant en question les lois naturelles. Isolé dans son **antre futuriste** empli de tubes à essai et de machines fumantes, le savant incarne toutes **les déviances** : il est souvent cultivé et dangereux (Nemo, 1869, Jekyll, 1886, Moreau, 1896, Fu Manchu, 1912) ou assassin (Griffin, l'homme invisible de Wells, 1897). Cet archétype se retrouvera aussi, dès le XXe siècle, dans la bande dessinée, sous l'angle positif (Tournesol pour Hergé, Champignac pour Franquin) ou négatif (Zorglub ou Lex Luthor, ennemis respectifs de Spirou et de Superman ; Espérandieu face à Adèle Blanc-sec).

Lecture d'image

14. Quel genre est ouvertement revendiqué ? Grâce à quels détails ou référents visuels ?

15. Quelles sont les forces en présence ? Comment est traité le personnage du savant ?

Affiche américaine du film *Frankenstein* réalisé par James Whale, 1931.

PATRIMOINE

16. Si Walton a renoncé à son expédition vers le pôle Nord, d'autres ont bravé les éléments pour relever ce défi. Retracez l'histoire de ces différentes expéditions polaires, entre joies et tragédies.

EXPRESSION

Expression écrite

17. Imaginez une suite au roman.

Expression orale

18. Par cette fin, que veut nous dire, selon vous, Mary Shelley ? Comprenez-vous l'extraordinaire succès de l'ouvrage ? Vous pourrez étayer ce débat en cherchant des œuvres réalisées par des « continuateurs du mythe ».

HISTOIRE DES ARTS

Frankenstein, une source d'inspiration

Succès critique et public, *Frankenstein* est adapté dès 1823 au théâtre, puis décliné dans plusieurs centaines de films, romans, bandes dessinées ou jeux vidéo. Mythique interprète du monstre sur grand écran en 1931, Boris Karloff l'incarne de nouveau dans *La Fiancée de Frankenstein* (1935) et *Le Fils de Frankenstein* (1939). Dans les années 1950, le studio britannique Hammer met plutôt en vedette Victor Frankenstein (incarné par Peter Cushing), avant que le sujet ne passe de mode. Devenue parodique en 1974 dans *Frankenstein Junior*, la créature redevient effrayante sous les traits des Robert De Niro en 1994 dans *Frankenstein*, de Kenneth Branagh. En 2004, le film *Van Helsing* représentera la créature comme un être intelligent, conscient de sa monstruosité et cherchant avant tout à vivre seul et en paix.

Souvent opposé à d'autres monstres de légende (Dracula, le loup-garou, etc.), *Frankenstein* inspire aussi la comédie musicale (*The Rocky Horror Picture Show*, 1975), la télévision (série *Les Monstres* entre 1964 et 1966), l'animation (*Frankenweenie* de Tim Burton, 2012 ; *Hôtel Transylvanie*, 2012, 2014, 2018), l'illustration (*Bernie Wrightson's Frankenstein*, 1983) et la bande dessinée (le manga éponyme de Junji Itõ, 1994-1998 ; *Mister Hyde contre Frankenstein*, Dobbs et Marinetti, 2010).

En littérature, diverses suites sont proposées de 1957 à 1959 par l'écrivain Jean-Claude Carrière, et dans *Frankenstein délivré* (1973) de Brian Aldiss, on retrouve le savant et son monstre, lord Byron, Mary et Percy Shelley sur fond de voyage dans le temps.

Méthode *Comment formuler les enjeux de l'épilogue*

Si le prologue informe ou avertit les lecteurs sur les tenants et aboutissants de l'œuvre, l'**épilogue** en constitue la **clôture**. Ce dénouement doit **préciser les actions accomplies, décrire le destin des protagonistes**. Pour respecter la tradition moraliste et épistolaire en vogue du XVIe (*Essais* de Montaigne) au XVIIIe siècle (*Lettres persanes* de Montesquieu), votre fin pourra délivrer un **enseignement sur les bonnes mœurs** et les comportements utiles, doublé d'un **solide avertissement** concernant les déviances de toutes natures. L'épilogue, ultime regard sur un univers que l'on s'apprête à quitter, est un **dernier adieu au public** ou l'éventuelle **indication d'une suite** du drame (fin ouverte).

L'humanité et le néant

1. Roman

ROBERT LOUIS STEVENSON (1850-1896)
***Le Cas étrange du Dr Jekyll et de Mr Hyde*, 1886,**
extrait du chapitre X, traduction de Théo Varlet.

À Londres, au XIX*e siècle, le notaire Utterson enquête sur le lien étrange unissant le docteur Henry Jekyll à l'énigmatique Edward Hyde. On apprendra au final – de la bouche même de Jekyll – que le monstre a fini par prendre le pas sur l'homme, l'un et l'autre n'étant qu'une facette du bien et du mal. Au seuil de son ultime transformation, Jekyll décrit ici sa terrifiante métamorphose et son basculement malfaisant…*

L'appétit me manquait totalement. Cette inexplicable aventure, cette subversion[1] de mon expérience antérieure, semblaient, tel le doigt mystérieux sur le mur de Babylone, tracer l'arrêt de ma condamnation. Je me mis à réfléchir plus sérieusement que je ne l'avais encore fait aux conséquences possibles de ma double vie. Cette partie de moi-même que j'avais le pouvoir de projeter au-dehors, avait en ces temps derniers pris beaucoup d'exercice et de nourriture ; il me semblait depuis peu que le corps d'Edward Hyde augmentait de taille et que j'éprouvais, sous cette forme, un afflux de sang plus généreux. Le péril m'apparut : si cette situation se prolongeait, je risquais fort de voir l'équilibre de ma nature détruit de façon durable ; et, le pouvoir de transformation volontaire aboli, la personnalité d'Edward Hyde remplacerait la mienne, irrévocablement. L'action de la drogue ne se montrait pas toujours également efficace. Une fois, dans les débuts de ma carrière, elle avait totalement trompé mon attente ; depuis lors je m'étais vu contraint en

1. *Subversion* : renversement.

plus d'une occasion de doubler, et une fois même, avec un risque de mort infini, de tripler la dose ; et ces rares incertitudes avaient seules jusqu'alors jeté une ombre sur mon bonheur. Mais ce jour-là, et à la lumière de l'accident du matin, je fus amené à découvrir que, tandis qu'au début la difficulté consistait à dépouiller le corps de Jekyll, elle s'était depuis peu, par degrés mais de façon indiscutable, reportée de l'autre côté. Tout donc semblait tendre à cette conclusion : savoir que je perdais peu à peu la maîtrise de mon moi originel et supérieur, pour m'identifier de plus en plus avec mon moi second et inférieur.

Entre les deux, je le compris alors, il me fallait opter. Mes deux natures possédaient en commun la mémoire, mais toutes leurs autres facultés étaient fort inégalement réparties entre elles. Jekyll (cet être composite[1]) éprouvait tantôt les craintes les plus légitimes, tantôt une alacrité[2] avide de s'extérioriser dans les plaisirs et les aventures de Hyde et à en prendre sa part : Hyde au contraire n'avait pour Jekyll que de l'indifférence, ou bien il se souvenait de lui uniquement comme le bandit des montagnes se rappelle la caverne où il se met à l'abri des poursuites. L'affection de Jekyll était plus que paternelle ; l'indifférence de Hyde plus que filiale. Remettre mon sort à Jekyll, c'était mourir à ces convoitises que j'avais toujours caressées en secret et que j'avais depuis peu laissées se développer. Le confier à Hyde, c'était mourir à mille intérêts et aspirations, et devenir d'un seul coup et à jamais un homme méprisé et sans amis. Le marché pouvait sembler inégal ; mais une autre considération pesait dans la balance : tandis que Jekyll ressentirait cruellement les feux de l'abstinence, Hyde ne s'apercevrait même pas de tout ce qu'il aurait perdu. En dépit de l'étrangeté de ma situation, les termes de ce dilemme sont aussi vieux et aussi banals que l'humanité : ce sont des tentations et des craintes du même genre qui décident du sort de tout pécheur aux prises avec la tentation ; et il advint de moi, comme il advient de la plus grande majorité de mes frères humains, que je choisis le meilleur rôle mais que je manquai finalement d'énergie pour y persévérer.

1. *Composite* : composé de différents éléments.
2. *Alacrité* : allégresse, entrain.

Oui, je préférai être le docteur vieillissant et insatisfait, entouré d'amis et nourrissant d'honnêtes espérances ; et je dis un adieu définitif à la liberté, à la relative jeunesse, à la démarche légère, au sang ardent et aux plaisirs défendus, que j'avais goûtés sous le déguisement de Hyde.

QUESTIONS

1. **Par quels aspects ce texte rejoint-il le genre fantastique ?**

2. **Quelles différences majeures sont évoquées par Jekyll entre ses deux personnalités ?**

3. **Au final, Jekyll semble-t-il rester le maître de ses transformations ? Quels indices nous sont donnés sur le dénouement de l'intrigue ?**

2. Bande dessinée

STEVE NILES (né en 1965), BERNIE WRIGHTSON (1948-2017), KELLEY JONES (né en 1962), *Frankenstein – Le monstre est vivant*, traduction d'Alian Moyano © Éditions Delcourt, 2014, 2018, pour l'édition en langue française ; © IDW Publishing TM and © Steve Niles, Bernie Wrightson, Idea and Design Works, LLC. All Rights Reserved.

*Le scénariste Steve Niles fait partie de ces auteurs qui ont redonné leurs lettres de noblesse à la bande dessinée horrifique et gothique (*30 jours de nuit, Criminal Macabre, Batman : minuit à Gotham*). Associé au dessinateur Bernie Wrightson, il revisite le classique* Frankenstein. *La créature, livrée à elle-même, est rejetée de tous en raison de sa laideur…*

QUESTIONS

1. **Par quels aspects la créature se rapproche-t-elle d'un animal sauvage ?**

2. **Que suggèrent le graphisme et le sens de lecture de l'ensemble de la planche ?**

3. **Peut-on dire, en conclusion de cet extrait, que le mal naît du malheur ?**

J'ERRAI DANS LES ÉTENDUES DÉSERTES, VIVANT D'EXPÉDIENTS, ENDURANT DES TEMPÉRATURES EXTRÊMES. J'AVAIS BEAU SEMBLER INVULNÉRABLE, CELA NE DIMINUAIT EN RIEN MES SOUFFRANCES.
MES RARES RENCONTRES AVEC LES HOMMES NE SE PASSÈRENT PAS COMME JE L'ESPÉRAIS, ET JE SOMBRAI PEU À PEU DANS UNE PROFONDE DÉPRESSION À CAUSE DE MA SOLITUDE.
IL ME SUFFISAIT D'APPARAÎTRE DANS UN BOURG POUR PROVOQUER UNE TELLE FLAMBÉE DE PEUR ET D'HOSTILITÉ QUE JE DEVAIS FUIR EN TOUTE HÂTE.
JE NE FAISAIS POURTANT RIEN DE MAL. MON APPARENCE ÉTAIT L'UNIQUE MOTIF DE LEUR PEUR.
PAR CHANCE, J'AVAIS L'AVANTAGE D'ÊTRE GRAND, FORT ET RAPIDE, ET LA PLUPART DU TEMPS JE M'ÉCHAPPAIS FACILEMENT.
QUE NE POUVAIS-JE M'ÉLOIGNER DE MA PROPRE PERSONNE AUSSI AISÉMENT ?
QUE NE POUVAIS-JE FUIR CETTE FIGURE MONSTRUEUSE QUI, TELLE UNE BARRIÈRE INFRANCHISSABLE, ME TENAIT À L'ÉCART DE L'HUMANITÉ ?
À LA FIN, JE N'ESPÉRAIS QUE LA MORT OU UN DESTIN QUI LUI RESSEMBLÂT.

3. Essai

ALBERT JACQUARD (1925-2013)
À toi qui n'es pas encore né(e), © Éditions Calmann-Lévy, 2000.

Scientifique engagé, Albert Jacquard écrit un essai sous la forme d'une longue lettre adressée à un de ses futurs arrière-petits-enfants, qu'il ne connaît pas. Il y évoque les grandes interrogations de son temps, notamment le grave problème des manipulations génétiques, qui risquent de mettre en péril la société de demain.

La maîtrise de l'énergie nucléaire a posé le problème du bien et du mal là où l'on attendait le moins, au cœur de la réussite technique, source de tant de satisfactions, de tant d'orgueil. La mise en garde est claire : l'humanité doit d'abord se méfier d'elle-même. Le mythe de Prométhée prend une tout autre signification ; en dérobant les secrets de Zeus et en les dévoilant aux hommes, ce demi-dieu rend ceux-ci responsables de leur destin. En leur cachant ces secrets, Zeus n'avait pas voulu jouer un vilain tour aux hommes, il n'avait cherché qu'à les protéger contre eux-mêmes.

Ce constat s'impose dans le domaine où les découvertes ont le plus transformé notre regard, celui des sciences dites « de la vie ».

[...]

L'enjeu est, pourtant, de première importance. J'y ai assisté ; en découvrant la molécule d'ADN[1], les chercheurs n'ont pas seulement élucidé un problème qui semblait toujours mystérieux, celui de la « vie » ; ils ont montré que ce qui donne leurs pouvoirs aux êtres vivants repose sur des mécanismes chimiques très ordinaires, et par conséquent modifiables.

Le mystère a disparu ; sa charge d'angoisse, sa capacité de dissuasion face aux tentatives d'action ont fait place au désir d'expliquer, à la volonté de transformer. Puisque la frontière entre l'inanimé et le vivant n'est plus définissable, modifier une bactérie en la dotant

1. *ADN* : acide désoxyribonucléique, constituant le noyau de la cellule humaine et la clé de codage des caractères humains.

de recettes biologiques jusqu'à présent réservées à d'autres espèces, par exemple des primates[1], pourquoi pas des hommes, n'est pas plus un viol de la nature que réaliser la synthèse d'une nouvelle molécule chimique ou que traiter du minerai pour obtenir de l'acier.

Dans cette voie, de proche en proche, les seuls obstacles rencontrés sont des obstacles techniques, un par un surmontés au nom du progrès. Emporté par l'enthousiasme des exploits, aiguillonné par la compétition entre équipes, le chercheur n'a qu'un objectif, réaliser demain ce qui était impossible hier.

Puisque l'ensemble du cosmos est réunifié, composé d'objets faits des mêmes éléments, soumis aux mêmes interactions, la question de la légitimité de telle ou telle manipulation n'est plus posée. Tout ce qui est possible est permis, or le champ des possibles s'agrandit sans limites. C'est tout l'équilibre des sociétés humaines qui est en question.

QUESTIONS

1. **Pourquoi l'humanité doit-elle « d'abord se méfier d'elle-même » ?**

2. **De quel « mystère disparu » parle Jacquard ? Qu'induit cette disparition ?**

3. **Quels rapports faites-vous entre la conclusion de Jacquard et la morale finale de *Frankenstein* ?**

1. *Primates* : mammifères à dentition complète et mains préhensiles, comme les singes ou les êtres humains.

Conception graphique : Muriel Ouziane et Yannick Le Bourg
Édition : Charlotte Cordonnier
Illustrations des frises : Benjamin Strickler
Réalisation : Nord Compo, Villeneuve-d'Ascq
Crédits iconographiques : couverture : © SuperStock/Leemage – Cadre (couverture) : © Martial Lorcet – Rabat intérieur gauche : affiche américaine © Everett Collection / Bridgeman Images – Rabat intérieur droit : affiche allemande © The Advertising Archive / Aurimages – p. 4 et p. 151 : © Photo12/Alamy – p. 143 : Prod DB © Universal/DR/TCD.

www.classiquesetpatrimoine.magnard.fr

Achvé d'imprimer en octobre 2021 par Rotolito en Italie
Numéro d'éditeur : MAGSI20210839 - Dépôt légal : Juin 2019